不計較，感謝那些利用你的人！

君子記恩不記仇，小人記仇不記恩！

你想成為寬宏大量的君子，還是雞腸鳥肚的小人？

The best gain is to lose.

專業心理諮商師

黃德惠◎著

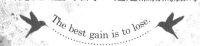

感謝那些老是扯你後腿的貴人

人生在世，不論自己做人處事如何謹慎，都難免遇到一些總是喜歡挑毛病、和你過不去的苛薄鬼，或是人前友善，背地裡卻說你壞話，甚至不惜踩著你的肩膀往上爬的陰險小人。雖然不慎「撞小人」的當下，你可能會覺得悲憤莫名，心想：「我到底是哪裡得罪了他，他要這樣對我？」

其實，花時間去思考這些人處世的成因，不如直接把精力用在解決問題上。若是我們跟著負面情緒沉淪，不僅著了小人的道，更會顯示出自己的不夠成熟、不夠自信。

事實上，無論這些人是有意或無意地扯我們的後腿，只要自己有足夠的實力，根本就不用擔心受怕。而且我們永遠都無法掌控別人要如何做、環境會如何變化，如果把心思放錯了地方，反而會模糊了應該要克服的焦點，把時間浪費在和他人的

唇槍舌戰上，於己不利，於事更無補。

其實，你可以將那些曾經狠狠踹你一腳的小人，或是生命中遭遇的困境，看作一面明鏡，是它讓我們看見自己的空乏、恐懼，進而更了解，自己應該要學習什麼樣的人生課題，當你放下計較心、執著心、得失心，坦然以對，認真修練心念與應對，就會了悟不管生命中出現什麼樣的考驗，都是為了讓我們成為一個更好的人。

試著敞開心，感謝那些傷害你的人，是他讓你學會了堅強；感謝那些利用你的人，是他讓你看見了自己的價值；感謝背叛你的人，是他讓你學會了原諒。

如果沒有這些人、這些事，我們可能會因過度平順而錯過了原本更壯闊磅礴的人生樂章。所以，不用費心去計較一時的得失，他們的出現是為了考驗你的韌性與潛能，懂得感恩，會讓你在面對生命的風浪時更無懼、更強大。

作者　謹識

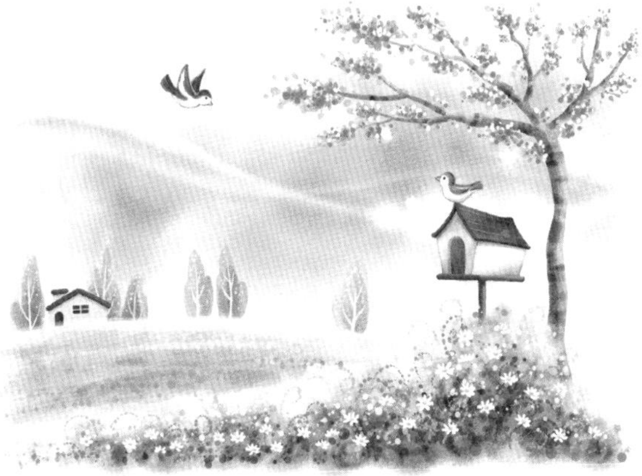

Chapter 1 鑽出牛角尖，積極成就自我

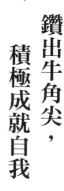

Chapter 2

替他人留後路，就是替自己留餘地

Chapter 3

放寬心，人生格局才會越走越寬

Chapter 4

看淡名利，別讓一時的貪婪拖垮一生

Chapter 5

得失更從容，是你的別人也搶不走

所有來到你人生中的一切人事物，都是你吸引來的。
你成為你最常想的，也會吸引你最常想的。
然而，大部分人想的是他們所不要的，
世界便以此回應。

——《*The Secret*》

Chapter 1

鑽出牛角尖，積極成就自我

不執著，才能走出死胡同

每個人對於自己特別在意的事物，都會有些許堅持。例如：當自己的愛車被路上的小石頭刮傷時，有些人會趕快把車牽去重烤整片的鈑金，但有些人車子後頭的保險桿都撞凹了，還是蠻不在乎地到處開，反正交通工具能用就好。這些不同的舉措，就取決於我們內心的「看重」與否。

在很多時候，適度地堅持可以為我們的行為把關，因為期許自己必須達到一定的標準，所以也會為自己樹立一定品質的聲譽；但當過度的堅持轉化成執念，反而會像魔咒般，禁錮著我們的身心，使自己不堪重負而活得很累，讓原本求好心切的美意，變成另一種悲慘的結局。

人應當有自己的信念，但不能對於外界、環境過分要求，當你對生命中的意外和阻礙抱持著順其自然的心態，順應己力去克服，其他的就交給老天爺。別忘了，生命的過程就宛若花開花謝，周而復始，世上沒有一種花是永不凋謝的，所以面對命運的安排，當我們盡力而為，就該放手，不該執著於等價的回饋，這樣當幸運之神再次降臨時，你才會懂得感恩、珍惜，而不會暗自抱怨這遲來的好運。

執著，是在跟誰過不去？

王大成原是一家科技產業的白領階級，沒想到這幾年大環境的不景氣，連帶影響到公司的績效，在人事成本支出過高的情況下，公司只好刪減各單位的主管名額，而年近五十的王大成，怎麼也想不到自己居然會成為「中年失業」的一員，所幸過去辛勤的工作所得都交由太座管理，所以尚有一筆為數不少的存款，如果稍微撙節開支過生活，也足夠兩夫妻過下半輩子了。

但王大成卻因為這意外的衝擊，終日抑鬱不已，賦閒在家的時刻，他覺得生活頓失所依，只有滿腔的憤怒無處發洩，漸漸地從一個意氣風發的上班族，變成一個憤世嫉俗的阿伯。每次看到電視上在報導現在社會新鮮人的起薪、工作態度時，他

人應當有自己的信念，但不能對於外界、環境過分要求，當你順應己力去克服，其他的就交給老天爺。

就會大放厥詞地說：「如果今天我是這個單位的主管、老闆，一定不會讓這些年輕人這麼散漫。」假日時，往日的同事有時相約聚會，他也不改脾氣地大發牢騷、批評，久而久之，大家都看穿了他的「放不下」，就能避就避，能閃就閃。

時間一久，連家人也對他這種「無人能出其右」的態度厭煩了，王太太好言相勸：「其實現在的生活我已經感到很滿足了。過去你工作忙，所以總是聚少離多，現在我們反而有更多時間可以聊聊天，平日也可以到郊區走走，這是過去的我求之不得的。其實我們已經比多數人都幸福了，如果你心裡一直放不下那被迫離開公司的死結，只會讓自己和身邊的人越來越不快樂，越來越疲憊，未來的日子還很長，你應該不希望這樣過完一生吧？」

聽完太太一席話，王大成想了想：對啊！其實雖然失去以前的工作，但我的人生還很長，我想做的事還很多，何必成天費盡心神和無法改變的事情鬥氣呢！

當他放下心中的「不甘願」，就像鬆開了心中的枷鎖，頓時覺得神清氣爽，還開始後悔要是早一點「悟到」，就不會在死胡同中兜圈子，早就開創自己的另一片天地了。

思考轉個彎，人生更開闊

有些事情既然已經發生了，那我們就要學會接受，如果你還在和自己、和際遇過不去，這份執著只會讓你損失更慘重，不如放鬆身心，讓思考轉個彎，就能突破情緒的瓶頸，找到新的出路。當你又遇到為之氣結的情況時，可以試試以下方法：

適時Update自己的信念

人生的信念，決定了命運的流向。凡事都沒有絕對標準的答案，只有因時、因地、因人制宜，信念才會幫助你順利抵達理想的彼端。人之所以生存在世界上，就是為了跨越考驗，否則即使過著天天過年的日子，也感受不出平日辛勤工作、假日盡情享樂的差別。

所以，遇到不符合自己預期的狀況，要先擺脫計較、比較之心，別讓自己陷入：「為什麼別人如何如何，而我如何如何……」的低潮漩渦中，反而要先扭轉內

有時只要願意承認、面對自己的失誤，事情便有轉機。坦承走錯了，才能虛心回到原點，有機會重新選擇正確的道路。

心的信念，檢討自己：是不是因為過往的觀念錯誤，所以才導致今日的結果。而不是怨天尤人，當你能為自己的人生負起完全的責任時，才有可能奪回對命運的主導權。

與其意氣用事，不如拐彎走向康莊大道

如果情況已不甚樂觀，還一味地堅持自己最初的路線，那不是堅持，而是固執。我們必須承認，人非完人，每個人都有失手之時，如果這時還不放手、意氣用事，只為證明自己最初的信仰是正確的，情緒化的結果只會逼你走向岔路，回不到正途。

人人皆有判斷錯誤之時，最怕一意孤行，明明就走偏了，還死不認錯，因為自己的牛脾氣離目標越來越遠。只要願意承認、面對自己的失誤，坦承走錯了，才能虛心回到原點，有機會重新選擇正確的道路，至少能減少重蹈覆轍的失敗率。

世事難料，有時候並非是誰的過失，而是境遇本應如此。許多成大業之人，當初若少了愚公移山的精神，只想守株待兔，相信人生的成就也會重新改寫。

日本知名企業家稻盛和夫曾說：「假設自己的人生有80年，那麼出生後的20年是為進入社會而做準備的準備期，之後的40年則是為社會、為自我鑽研的工作期，最後的20年則是死亡（靈魂啟程）的準備期。」所以在人生的各個階段，我們應調整不同的心態，才能以最佳狀態備戰。

人生中的阻礙就像是將鑽石磨亮的刀刃，面對逆境，如果能稍微放寬心，不計較對錯得失，只求虛心修正，相信最後的甜美果實還是屬於你的，跨越了原先心智的限制，用全新的視野審視生命的移轉，也將大有所獲。

檢討自己：是不是過往的觀念錯誤，才會導致今日的結果，

當你能為自己的人生負起完全的責任時，才有可能奪回命運的主導權。

別為了堅持而堅持，反而放棄不該放棄的

世界上，追求幸福的人可以分為兩種：一種是追求屬於自己的幸福，一種是追求屬於別人的幸福。前者懂得定義自己想要的快樂，而後者卻只是追逐他人定義的快樂。你是屬於哪一種人呢？

有時候，我們覺得自己過得並不如意，深究其中，發現都是來自於對某人、某事的不滿造成的。

例如：有些家長總是為了自己的孩子成績不夠理想而苦惱，所以就花大錢把孩子送進補習班補得天昏地暗，卻不知道孩子到底吸收多少、快不快樂；有些人為了沒有買下屬於自己的房子而不安，所以縮衣節食長達二、三十年，只為了扛起根本負擔不起的房貸；有些太太總是覺得自己的先生不比別人體貼而生悶氣，常常在家中擺出一副好像被倒會的臭臉，久而久之，先生只好到外面尋求另外的溫柔鄉。

其實，這並非都是自己定義下的幸福標準，而是我們不自覺跟隨社會風俗，才

會給自己太大的壓力，但這種不知為何的盲從，往往就是剝奪我們和重要的人共享人生的主因。

所以，我們要時常覺察自己的心境、行為，究竟是因何而改變、決定。如果是為了滿足別人，或是自己的虛榮心，就要有所警覺，避免讓這一份變質的期待，扭曲了人生。

如果是為了達成自己的希望，既然已明白自己為何要做的目的，即使面對困難，也可以抱著滿腹的熱誠去做，這樣的生活才會充滿了正向力，你的努力自然也會導向正面的成果，而不會因一時觀念的偏差，莫名其妙地賠掉了自己大半生的幸福，還在怪老天爺怎麼都沒看見你的努力。

活出自己，你不用演給別人看

發自內心的快樂，是一種難以言喻的幸福，並非只要擁有什麼就可以輕易取代

我們常不自覺跟隨社會風俗，而給自己太大的壓力，但這種不知為何的盲從，往往就是剝奪我們和重要的人共享人生的主因。

的。畢竟我們的生命是屬於自己的，與他人毫無關聯，如果為了達成別人的標準才算成就，那麼你永遠都不會快樂，因為你把生命的主導權交給了別人。

別忘了，當你希冀著別人所擁有的事物時，其實也有人在羨慕著你。曾經看過一段令人感觸甚深的文字：「當你在抱怨自己沒有漂亮的鞋子可以穿出門時，要知道，有些人連腳都沒有。」

與其一直沉浸在不滿的情緒中，不如好好思索一下：擁有這些東西，我真的會快樂嗎？得到與付出何者能帶給我們真正的滿足，又該如何衡量標準，或許從下面的故事中，你可以從中體悟到自己需要的部分。

高雄佛光山的星雲大師一直是受眾人景仰的一位智者，他出版的靜思語常常發人深省。

在文中他曾提及自己在一九六五年創辦佛學院之時，有位年近八十的唐一玄老師告訴他：「給人利用才有價值啊！」

頓時，他認為這種迥異於世俗的言論，無疑是道盡了自己多年來的心聲，並在日後數十載的歲月裡，一直本此信念，心甘情願地與人為善，被人「利用」，無形中為自己的人生開拓了無限的「價值」。

過去，佛光山沙彌學園曾經招收過二、三十名沙彌，寺中的法師們不辭辛勞，將他們撫育成人後，有些沙彌竟被父母強行帶了回去。許多徒眾為這些辛勤拉拔孩子長大的法師們難過，他們認為：那些父母只不過是「利用」佛光山把孩子們養大，因此要求星雲大師不要再接受沙彌來山修道，但他還是照單全收。

因為他覺得：即使沙彌們全都被父母帶走，他們從小在法水裡涵泳浸潤，至少長大後就能知因果，明善惡，即使踏入紅塵，也不會為非作歹，這種教育無論對個人或社會而言，都是很有價值的！

不僅如此，即使星雲大師在自己經濟最困窘的時候，仍常常幫助大家。他談到：「剛來台灣的最初幾年，我居無定所，因此經常隨喜幫助別人，有人興學，我幫忙教書；有人辦雜誌，我協助編務；有人講經，我幫他招募聽眾；有人建寺院，我助其化緣……，更有些老法師發表言論，怕開罪別人，都叫我出面，我則義之所

當你在抱怨自己沒有漂亮的鞋子可以穿出門時，要知道，有些人連腳都沒有。

在，從不推辭。因此，一些同道們都笑我：總是被人利用來打前鋒，當砲灰。」

因為星雲大師堅持自己心中「弘揚佛法、與人為善」的信仰，所以即使看似吃虧的事，他仍要堅持去做，並且用一生去實踐「被人利用的價值」，而不是像浮雲眾生一般，為了眼前的名利，輕易地放棄心中最重要的精神依託。這就是星雲大師行至今日，仍受眾人推崇的原因，一路上，他總是感謝那些「利用」他的人，並且以能成為「被利用」的人為樂。

過濾那些讓你不快樂的雜質

從星雲大師的一生來看，就可以明白地了悟到：只要你知道自己是為何而做，就不用在過程中計較太多，因為你是為了自己而做，不是為了演給誰看。可以讓別人幸福快樂的制式化生活並不一定適用於你，你可以從以下想法重新檢視目前的生活，過濾掉那些自己、別人強加在你身上的廢料，重建自己的生活、目標。

重新定義自己想要的生活，並說出來

很多時候我們並不快樂，是因為自己總是在不經意間迎合別人的要求，而刻意改變、違背內心真實的想法，甚至還佯裝表面的幸福，所以我們的心才會越來越不快樂。

你應該要按照自己真實的感受去追求事物，不要以他人的喜好為喜好，就算是你最親近的人：父母、另一半、孩子……都不能左右你。你應該讓他們了解到，什麼樣的生活才能讓你發自內心的快樂，讓他們看見你原本的樣子，而不是被雕塑過的自己，這樣別人才知道你要的是什麼，更可以減少許多誤解、埋怨的情緒。不過相對地，你想追求自己認同的快樂的同時，要先全然地放手讓他們也獲得真心的滿足，才會獲得源源不絕的支持。

用身體力行，具體實踐

我們常常會把自己的夢想放在心裡，並且悄悄地等待有一天它會奇蹟似的萌

只要你知道自己是為何而做，就不用在過程中計較太多，因為你是為了自己而做，不是為了演給誰看。

芽。但往往最後這些夢想還未孵化，早因你行屍走肉般的生活而胎死腹中了。如果我們只是「想」，而不去「做」，就算有機會也會與你擦身而過，所以一定要「去做」。

當你踏出第一步之後，才有走向目標的可能，雖然很多事情無法短時間一步到位，不過或許當你努力踏出第一步之後，會發覺事情其實並沒有當初所想的那麼困難、龐大，因為在你尚未履行之時，只是困在自己的幻想之中而已，但你的能力也會因嘗試而逐步提升，屆時所有的困難都不足以成為阻擋你前進的藉口，事情自然水到渠成。

千萬不要放棄自己應真心把握的夢想，而遁入人群之中只為尋求一份安全感，因為安全有時就意味著停滯，一個停滯不前的人生，就磨滅了自我價值重生的可能。緊握你所堅持的夢，別為了別人的見解而放棄，因為這是屬於「你」的人生，一生只有一次，別再把自己應享的快樂、夢想輕易地拱手讓人！

明智者會適應環境，愚昧者會要求環境適應他

愛爾蘭劇作家蕭伯納曾說：「明智的人使自己適應世界，而不明智的人只會堅持要世界適應自己。」

就像在大海裡航行的船隻，如果它想要行駛到目的地，那麼就應該懂得見風使舵。縱觀世界萬物，它們也因為變通才能賴以生存：像為了適應大漠的風沙，仙人掌將葉子退化為刺；為了適應海水的動盪，海帶褪去了根鬚。

世界萬物尚懂得變通以求生存，生為萬物之靈的人類更應該彎下腰向這些生物學學求生的本能。當我們改變不了處境，卻可以改變自己；即使改變不了過去，卻可以改變現在。適時改變並不是對個人原則的「背叛」，而是審時度勢之後作出的正確選擇。

世界萬物尚懂得變通以求生存，
生為萬物之靈的人類更應該彎下腰向這些生物學習求生的本能。

日本的著名作家池田大作曾說：「權宜變通是成功的秘訣，一成不變是失敗的同伴。」

所以在戰勝逆境的過程中，最重要的事情就是必須適時地應變。千萬不能食古不化，固執己見，否則只會讓自己離原來的目標越來越遠。

直線式的思維，會引你走進死巷

美國康乃爾大學的教授威克曾經做過一個有趣的實驗：他把一些蜜蜂和蒼蠅同時放進了一個平置的玻璃瓶裡，瓶底對著有光的地方，瓶口則對著暗處。結果，那些蜜蜂拼命地朝著光亮之處碰撞、掙扎，最終因力氣衰竭而死，而那些到處亂竄的蒼蠅竟然順利地逃出了瓶口。

威克教授對此實驗下了一個哲學性的評論：「在充滿不確定的環境中，有時我們需要的不是朝著既定方向的努力，而是在隨機應變中尋找求生的路，不是遵循規則，而應該突破規則。我們不能否認執著對人生的推動力，但我們應該也見識到，在一個充滿變化的世界裡，變通的行為往往比有序的衰亡要更實際。」

只知道堅持朝亮處飛的蜜蜂最終走向了死亡，而懂得變通的蒼蠅卻生存了下來。執著與適時改變是兩種截然不同的人生態度，我們無法獨斷地說哪一種原則更適合自己，但是，過度偏執一方，只會自取滅亡。唯有判斷局勢，善用兩種力量才能穩健地走向目標。當你學會丟掉不切實際的堅持，會發現適時的變通，居然可以讓看似棘手的僵局迎刃而解。

突破你心中的牆

你是否曾經看過馬戲團裡的空中飛人表演呢？

這項表演之所以聞名，在於表演者運用一鬆一緊的節奏，掌握了全場觀眾的目光，在高空中，表演者透過全然的放手，優雅的擺盪，才能順利地接到下一個鞦韆。如果因恐懼、疑慮而不敢放手，只能停滯在嚇人的高空，無法抵達目的地，更不可能學會這樣技藝。

人生就像在進行一場空中飛人的表演，想要盪上未知的高度，就要先學會放手。

人生也是如此，想要邁上未知的高度，就要先學會放手。

拋卻你對自身的疑慮與限制，勇敢地把自己交給環境，只要你踏實地耕耘，最終將拚出自己的一片天。怕就怕輸給自己的心魔，覺得自己處處受限，其實身邊的高牆都是自己所想像出來的，當你戰勝了恐懼，阻礙不過是一時的幻影。

當你面臨人生中的轉捩點時，或許會感到不知所措，但你若能領悟以下這些觀念，就明白改變並不可怕，反而是引領你前進的另一種力量。

適度放下過往的經驗談

美國思想家愛默生曾說：「宇宙萬物中，沒有任何事物像思想般頑固。」

在朋友聚會時，有些人總愛說：「我們以前……都如何如何……。」

取經於往日的經驗，好處是可以規避掉既有的風險，但如果不顧眼前大環境的變動，只憑著「經驗談」做事的人，很難不被時代淘汰。因為人一旦落入「只有照我這種方法去做，才正確有效」的思維時，就失去了進化的機會。

著名的猶太裔科學家愛因斯坦也曾說：「知識不能單從經驗中得到，而只能從理智的發明和觀察到的事實兩者中比較得到。」

面對眼前的局勢，如果你能順利地抛卻那些「不合時宜」的論斷，就能客觀地審時度勢，創立新的局面，否則最後難免淪為總是「話當年」的倚老賣老之姿，難以讓人真心信服。

把改變視為對你有利的變動

面對不確定的變化，我們大多會感到恐懼，因為不知道在變動過後，生活是否能一如往昔地安穩、在自己掌控之中。但人世中最恆久不變的就是「變」，這是自然的定律，就像四季的移轉、年齡漸長、從學生變成社會新鮮人……等各種型態的轉換，如果不隨著宇宙的規律轉變，生命反而會脫軌失序。

所以，無論遇到何種情境、哪種難關，都可以試著將這些「改變」視作成長的契機。無可避免的，或許既有的安穩可能會被暫時性的剝奪，但你若不邁步前進，就只能永遠停留在既有的小圈圈內。

你可以想像一下，當所有人都向前跨出一步時，只有你因躊躇留在原地，就形

人一旦落入「只有照我這種方法去做，才正確有效」的思維時，就失去了進化的機會。

同後退、退步，這並非被環境、時代淘汰，而是你還沒開始戰鬥，就先把自己判出局了。

其實任何變動對你都是有利的，只要你抱持著正面樂觀的態度，去面對看似困難的處境，待你歷經山路的艱險，站上高峰的那一刻，你征服的並不是這座山，而是成功地征服了那個畏懼不前的自我。

所以，別再輕易說：「這個公司、老闆、主管不合我意……」，或是這一科「我不擅長、我不喜歡……」這些聽起來都等同於「退怯」的代名詞，只會讓人一眼看穿你「怯懦」的本質。先試著沉著以對，不用等到機遇來找你，從中尋找出自己的機會、磨亮優勢，當你戰勝了這個挑戰，再往前走還不遲。

沒人能限制你的成就，別輕易說：「我做不到！」

我常常聽見有人說：「我太年輕了，還沒有經驗，不能貿然嘗試。」或是說：「我年紀太大了，已經無力和這些年輕後輩去拼命了。」這是把自己限制在「年齡」的框架中。

有些人會告訴自己：「我沒有這種能力，所以我做不到。」這是對自己「能力提升」的限制。

即使在兩性平權的社會中，我仍不時地聽到女人說：「女人畢竟和男人不同，在社會、家庭的角色還是趨於弱勢，所以我還是安分守己地做好自己手邊的事，把家庭照顧好就好，別想什麼『屬於自己的事業』這種事。」這是把自己放在「性別」的框架中。

過去的你做不到的事，並不代表未來的你做不到；其他人做不到的事，並不代表你也做不到。

還有一些人會把這種話掛在嘴邊：「因為我以前因此失誤過，所以這樣做一定會招致失敗，於己不利，你千萬不要走這條路。」這是把自己的「限制」套在別人身上。

以上這些對話，相信你也時有所聞，雖然有些是對自己的提醒，有些是屬於「不聽老人言，吃虧在眼前」的勸戒，但他們都有一個共通之處：以害怕失敗為出發點。

這種善意的提點、勸戒，可以放在心中提醒自己，但千萬不要成為你怯步不前的絆腳石。

因為過去的你做不到，並不代表現在的你、未來的你做不到；其他人做不到，並不代表你也做不到。而我們卻往往畏懼人言，擔憂別人怎麼看我們，而選擇一條比較被認同、眾人標榜的「成功之路」，但「適不適合你」，很多人可能至今從未認真思考過。

沒實現的夢想只是幻想

張先生在20歲左右的時候，就夢想著自己有天能成為一個培訓師，但又想到自己畢竟才20幾歲，怎麼可能成功呢？看看檯面上的講師，大多要40歲以上才有豐富的閱歷、經驗和聽眾分享，現在怎麼可能有人來聽我一個毛頭小子在台上大放厥詞呢？

由於他一直抱持著這樣的想法，所以就先踏實地投入某個專業的行業努力耕耘，其中也曾經換過幾個工作，很快地，當他到了自己40歲的時候，某天，他參加某家公司舉辦的講座，發覺台上的主講者居然還不到30歲，這時，他才發現時間是不等人的。所以，他毅然決然地跳出「年齡」這個框框，大膽突破，以個人的經歷進行職業生涯規劃的培訓，並在全省進行巡迴演講，開發自己身為培訓師的潛能，改變了後來的人生。

天底下沒有什麼不可能的事，只要你願不願意相信自己，並付出比別人更多的努力。

某次，一位台下的學員問他：「老師，我的夢想也是當培訓師，但是因為我經驗還不夠，所以現階段我做不到。」

張先生彷彿看見了年輕時的自己，於是他對這位學員說：「在還未嘗試之前，千萬不要輕易說：『我做不到。』年輕就是優勢，像世界知名的潛能開發大師安東尼．羅賓23歲就成功了，所以天底下沒有什麼不可能的事，只看你願不願意相信自己，並付出比別人更多的努力。」

後來，經過張先生的栽培、指引，這位學員不但跳出了自我受限的心像框架，而且積極努力地展開他的培訓師生涯之路，現在他還沒滿30歲，就已經順利地成為某間管理顧問公司的負責人了。

擺脫世俗的較量心

像上面張先生的例子，如果你一開始就用世俗的標準去衡量實現夢想的「得失」與「成功率」，在不斷權衡、較量之下，永遠也踏不出第一步。

案例中的張先生還算醒悟得早，有許多人都抱著他們的「希望」死去，卻從未為自己的人生爭取過一分一毫。

所以，要勇於實現理想，應該先踏出第一步，並不計較過程的艱辛，如果想長成參天神木，超越其他樹木的高度，就要經歷更多的風霜，歷經最艱困的環境，才能屹立不搖。下次，面對夢想，如果你還有質疑、還有躊躇，可以試著朝以下方向去尋找解答。

相信別人，不如相信自己

為什麼我們常常因為別人的一句話，就放棄了可能實現的夢想？為什麼我們這麼輕易就被他人所說服呢？因為這些習慣在框架中徘徊的人，大多比較自卑，因為不相信自己的能力，所以願意忍受被禁錮的痛苦，把決定權交給別人。

因為自卑，他們擔心自己一走出這設定的圈圈之外，就會失去原有的地位、聲望，說穿了，就算在今日成為團體中的佼佼者、主管、領導人，如果始終無法超越自己，一直原地踏步，仍舊逃不過心魔的控制，這種封閉的自卑還會轉變成多疑、

要勇於實現理想，應該先踏出第一步，
並不計較過程的艱辛。

爭權的心結來源。

因為有條件的快樂，並不能讓人真正的放鬆身心、享受人生，他們只能戒慎恐懼地守護現有的幸福。所以，為何不坦然地聆聽自己心中真實的想望，並勇敢地跨出去呢？

正確的指引就在框架之外

面對夢想、目標，如果有任何負面的思考框架，就會扼殺解決方案和創造力。佛教禪宗六祖慧能大師偈曰：「菩提本無樹，明鏡亦非臺，本來無一物，何處惹塵埃。」

所有的限制都是我們自己想像出來的，所以要找到正確的指引，必須突破心像的迷宮，當心裡那座讓你迷惑的迷宮消失了，答案就在城牆之外，在這個世界上，也只有自己才有力量掙脫束縛，當心靈自由，潛能就沒有極限，夢想就近在眼前。

做好自己，就不用刻意證明自己

記得學生時代在書店工讀時，門市中有一個很認真工作的女孩，她每天是最早到公司，也是最晚離開公司的人，在工作時也不苟言笑，對於主管交辦的事、顧客的請託，她一定使命必達，當時，我很佩服她的工作態度，不過總覺得有些不對勁之處，就是說不上來。

但馬有失蹄，人總難免有失誤的時候，某天，有位建築師在門市中一口氣購買了數十本外國的設計類原文書，邊結帳又要邊包書的同時，她不慎將總額兩萬多元的金額，刷卡成兩千，看到列印出的卡單，她的臉色一陣鐵青，一時手足無措，顧客因等待過久，就不耐煩地對著櫃檯大聲嚷嚷：「你不會處理是不是？那叫你們店長出來！」

好勝心，用在好的地方會幫助一個人上進；一旦過度好強，反而會讓性格扭曲。

門市中比較資深的同事馬上上前向顧客道歉，在取得顧客的諒解後，重做刷退再重刷正確金額的動作，並不斷地安慰她說：「沒關係，我也會有做錯的時候，趕快道歉、解決就好了……」但一直到下班前，那位同事的情緒依舊非常低落。當我隔天來上班時，就聽到她已經引咎辭職的消息了。

這並非單一個案，生活中，有些人因自幼表現優異，總認為別人的目光都聚焦在他身上，而過度在意自己的言行，稍有疏忽，就不斷地苛責自己。如果看見別人異樣的眼光，就會覺得十分恐懼，莫名的擔心：我是不是做得不夠好？這樣的人，看似是群眾中的佼佼者，每天為了扮演好「別人期望中」的角色，過度斟酌自己的言行，卻活得很累。

事實上，千萬不要一廂情願地把自己當成眾人的焦點，根本沒人會記得你今天說了什麼，做了什麼，如果你覺得別人都在注意你，相對地，其實是你太在意他們、太計較他們的評論了。因為每個人都只會把焦點放在自己身上，就算注意別人也不過是一時而已，何須終日惴惴不安。

好勝心，用在好的地方，會幫助一個人上進；一旦過度好強，反而會讓性格扭曲，如果為了得到掌聲而需要終日在人前演戲，不實的快樂也會消失殆盡。

你不計較，別人就不會跟你計較

小姿是國際知名唱片公司力捧的一線創作型歌手，因為剛加入演藝圈，為不辜負自己和公司的厚望，總是全力以赴，但在發行首張唱片之後，才發現壓力排山倒海地朝她襲捲而來。

為了達成一年錄製兩張唱片的目標，宣傳期時，她白天跑通告，晚上就進錄音室錄歌，回家後，又利用凌晨時分投入寫曲創作，日復一日消耗身心的工作，再加上對於歌迷和媒體評論的過度憂慮，這樣龐大的工作量讓她幾近崩潰，但這種不負眾望的壓力又無處排解，在出道兩年多後，她罹患了嚴重的憂鬱症，不得不暫時離開歌壇。

在長達四年的休息中，小姿去從事各種自己喜愛的事，重新找回過往那個樂於

如果你要細究，會發現似乎每個人都在指責你的不是，越想讓所有的人滿意，就越難讓自己滿意。

創作的自己。

她說：「以前我很在意大家看待我的改變，現在我則是用自己的腳步來看待外界的變化。雖然，現在的我似乎變老了一些，但是，這就是時間送給我的禮物。這份成熟的禮物，讓我學會不用費勁去證明自己，只要做自己最喜歡的事，跟著自己的步伐去生活，才不會迷失原來理想的人生方向。」

因為心態的轉化、放下，小姿最近復出了，在工作上，她與唱片公司達成了共識，不需要為了爭取媒體的曝光，配合炒作與唱片內容無關的新聞，她可以自由自在地唱歌，回歸自我，這才是小姿最想要的工作與生活。

在復出的記者會上，她告訴大家：「我不是焦點，也不在意任何人的眼光，我復出只為了繼續做自己最愛的音樂。」

回歸自我，拋開了外界的包袱，現在更真實的她，反而更受到歌迷的擁戴。

你是世界上獨一無二的花朵

一個人如果為了想成為別人眼中的自己，卻忘了真正的自己，每天如履薄冰地

生活，那麼逐漸積壓的壓力就像顆不定時的炸彈，隨時都有爆炸的可能。

不如放下自己心中那台「顯微鏡」，想想以下觀點，或許可以讓你如釋重負。

你沒辦法讓所有的人都滿意

大多數人都曾有這種經歷。學生時代時，父母總是對你說：「你看看別的同學成績有多優秀，你應該要向他看齊。」

出社會後，長輩會提醒你：「還是找份穩定薪水的工作，要追求夢想，你等下班以後再去。」

在職場工作時，主管、老闆也常指點你，這樣做不對，那樣做才對。

生命中，如果你要細究，會發現似乎每個人都在指責你的不是，越想讓所有的人都滿意，就更難對自己滿意。事實上，你不需要討好每一個人，只要努力地活出自己、做好自己分內的事，當你能夠發自內心的快樂，才能將這樣正面的信念分享給身邊的人：每個人都是一朵獨一無二的花，無法複製也無法比擬，只要能夠美麗

永遠都別吝惜去做你最愛的事，潛能和契機有時就藏匿其中，千萬別讓你的興趣睡著了！

地綻放一回，就不愧對任何人。

做自己愛做的事，持之以恆

何謂嗜好？就是那些做了之後，會讓你身心舒暢、感到更貼近你自己的活動。或許你每天忙於工作，但應該要至少培養出一種嗜好，並且，持之以恆地去做。

你的嗜好可能是運動、畫畫、寫作……等等。每天抽出一點時間，去從事這件你最愛的事，漸漸地，那就成為你和自己對話的時間，這也有助於清理心中的垃圾，更甚者，還能將這份嗜好與自己的工作結合。永遠都別吝惜去做這些你最愛做的事，潛能與契機有時就藏匿其中，千萬別讓你的興趣睡著了！

如果你能夠吸收、內化以上觀念，將它一點點地落實在生命中，當不用憑靠他人的掌聲，也能感受到快樂的那一刻，就無需再走那條符合他人期望的老路，成功地活出自己了！

學會遺忘，比記得更重要

我們日常的生活就像是每天上演的電影一般，在這部電影中，有喜劇的片段，也有悲劇的片段，但多年以後，過去的人生究竟是喜多於悲、還是悲多於喜的記憶，卻是我們自行決定的，不可能全數保留下來。

有時候，會聽到有些老人家，一再抱怨過去的生活有多困苦，他們是如何胼手胝足地將小孩撫養長大，有的談及過往，還會不自覺地潸然淚下。其實，現在他們的子女都很孝順地隨侍在側，生活也無須擔心，但這些不快樂的記憶，似乎就是很難從記憶中完全刪除。

所以，我們有必要定期對腦中儲存的記憶，及時的清理，把該保留的東西保留下來，把不該保留的東西予以拋棄，諸如那些不必要的煩惱、牽掛。

我們有必要定期對腦中儲存的記憶進行清理，把該保留的東西保留下來，把不該保留的東西予以拋棄。

那些讓人不快樂的過往，實在沒有必要放在心中耿耿於懷，唯有如此，我們才能過得更灑脫輕鬆。

對記憶去蕪存菁

為什麼就是忘不掉？

根據研究「忘卻力」的日本思考權威外山滋比古所言，我們「忘記」的時間，大多是集中在夜晚的快速動眼睡眠時期。這時，大腦會根據興趣、利害關係、情緒……等等因素去過濾掉那些連結性低的事物或是負面的事物，如此一來，我們隔天才能夠「神清氣爽」地起床。

如果這件事對你的情緒造成太大的衝擊，往往很難忘記，如果衝擊超出了心靈所能負荷的程度，就會被完全地壓進無意識層中，以保護心智。

所以，與其一直強調「記憶」的重要，不如首先重視「遺忘」的能力，因為它會幫我們清理情緒的垃圾，由意識「選擇性」地留下那些對我們、對人生有正面幫助的事物，才能心無罣礙地過日子。

不過，如果你過度在乎得與失、榮與辱、起與落，心裡就會越痛苦；反之，內心就越清淨。不能遺忘，不能放下，這就是煩惱的根源。

有些長期不快樂的人，無時無刻都在想：為什麼他要這樣對我呢？我不甘心。越是計較的結果，就更強化了事件的重要性，就算時間相隔已久，在回憶的不斷強化下，反而更加強了這件事對我們的負面影響力，甚至讓整件事的真相扭曲變形，更加難以自拔。

其實，快樂也是過一天，痛苦也是過一天，既然如此，你何必捨棄快樂卻成全痛苦對你的凌遲呢？

即使發生了同樣一件事，因每個人的感受而異，而產生不同的意義，也會形成完全相異的記憶片段。

簡單地說，我們對一件事的喜怒哀樂其實是自己可以決定的，你可以斷定他是故意陷害你的悲劇，也可以當成他不是故意的小事，讓一切隨時間而逝，究竟讓自

如果快樂也是過一天，痛苦也是過一天，
你何必捨棄快樂，去成全痛苦對你的凌遲呢？

己的心堆滿了比較怨懟，還是珍惜感恩比較好呢？相信聰明的你一定會做出最利於自己的決定。

選擇性失憶，留住美好片段

作家恩理科曾說：「回憶是人生的點綴，但忘卻力才讓人活得下去。」

我記得大學時有個同窗好友，可能是因為神經太大條了，所以常常忘東忘西地搞出不少笑話，但也因為他這種「不記隔夜仇」的性格，所以人緣頗佳，似乎有他在的地方就有笑聲。

雖說「選擇性失憶」是一種疾病，但如果我們能夠偶爾「選擇性的健忘」，忘掉那些堵塞心情的垃圾回憶，「忘卻」也能對人生產生正面的助益。以下提供大家一些忘掉不快樂的方法，下次不妨試試看：

不計較，就沒什麼好煩心的

有時候，因為受傷、失落，所以我們會落入一種鑽牛角尖的思考輪迴中。從自己、他人的不愉快互動經驗中，不斷地抽絲剝繭，試圖想要找到讓你不舒服的那根刺，或是想找出為什麼別人要傷害你的緣由。

其實，與其隨著情緒的漩渦越沉越深、越想越恨，不如回到自己可以掌控的原點，好好想想：沒有一個人可以傷害我們，除非我們願意讓自己受傷。

說穿了，我們之所以會在意，大多數情況下，是因為別人在不經意的情況下踩到了自己的痛處。

你應該去想：「為什麼我會有受傷的感覺？」

再去想：「面對這種情況，我該怎麼解套、思考，就不會再受傷？」

一旦心中的刺並不存在，就沒有任何人傷害得了你。

轉移注意力，讓解不開的問題隨風而逝

不論發生了什麼巨變，只要你著眼於現實生活，就會發現：日子還是要過下去。或許你還是無法擺脫難過、痛苦的感覺，但你只要讓自己循著常軌去生活，陷

沒有一個人可以傷害我們，
除非我們願意讓自己受傷。

入情緒低潮時，盡量去從事一些可以讓你感受到快樂，甚至不用思考的活動，透過時間，一點一點地轉移你的執著，或許只要一周、或一個月、或一年的沉澱，當你順利抵達彼方，回頭來看這件事，你會覺得：原來生命就應該浪費在美好的事物上。

短暫的遺忘，或許無法治癒我們的心，藏在盤根錯節記憶下的那根刺依舊存在，但人事本無常，悉心收藏快樂的、感動的回憶，慢慢放掉糾結的、憂鬱的記憶，要踏著輕盈或沉重的腳步前進，就看你怎麼選擇了。

你只有兩種選擇：奮發向上，或是意志消沉

世界上最會說故事的鬼才——史蒂芬．金在長達三十年的寫作生涯中出版了四十本的長篇小說，和兩百多篇的短篇小說，其作品被翻譯成三十三種語言，累積銷量高達三億五千萬冊，甚至被譽為「每個美國家庭都有兩本書，一本是《聖經》，另一本八成是史蒂芬．金的作品」如此知名的作家。

創作讓他名利雙收，但大家不知道的是，在他第一本小說《魔女嘉莉》問世之前，他不過是位靠著替《花花公子》等專欄寫作以貼補家用的窮教師。

史蒂芬．金幼時因父母離異，常常寄住在不同親戚的家，而他對於寫作的熱衷，始於一九五九年時，他在舅媽家發現了一箱科幻與恐怖小說的舊書，不久他便對這類作品非常著迷。他開始思考恐怖故事，努力寫作。

當你處在衡量誰比較幸運、誰比較不幸這種惡劣情緒時，有一群比你更困頓的人，連抱怨的時間都沒有。

一九六六年，史蒂芬．金就讀緬因大學英文系，大學時期為籌措學費，他曾在自助洗衣店和學校的圖書館打工，還當過公寓管理員，他也因為在圖書館工作，才得以認識他的妻子——塔比莎．史布魯斯。

一九七〇年史蒂芬．金畢業取得英文教師的資格，但是無法立即找到教職，所以他兼差寫專欄賣給男性雜誌，例如：《花花公子》，以賺取生活費。

一九七一年，史蒂芬．金正式與塔比莎．史布魯斯結為連理，之後他順利找到在學校教書的工作，一方面執教鞭，另一方面也持續投稿作品以養育孩子的生活所需，每當下班後的晚上和週末，他總是埋首於短篇故事以及小說創作中。

當時的史蒂芬．金薪水微薄，必須靠他與太太努力工作才能養活兩個兒女，生活開銷吃緊。當時他們住在寬廣的拖車上，甚至沒錢裝電話，捉襟見肘的程度可想而知。

一九七三年是史蒂芬．金扭轉命運的一年，他因為過往的經驗，創作了一個擁有超能力女生的故事——《魔女嘉莉》。

事實上，當初他不喜歡主角嘉莉，也不清楚女性生理方面的知識，所以對這故事並不看好，當他將手稿扔到紙簍中，是他的妻子塔比莎將手稿撿了起來，並且鼓勵丈夫完成故事，這個決定也成為了史蒂芬．金一家人的轉捩點。

一九七三年春天，史蒂芬．金第一部小說《魔女嘉莉》獲得出版社的青睞，並決定於次年出版，首刷就締造了四十萬本的銷售佳績，史蒂芬．金賺進了二十萬美金的版稅，並從此一炮而紅，他的夢想人生於是展開。

什麼樣的心態，決定了未來的生活

選擇消極被動以對的生活，是非常容易的。像上述史蒂芬．金的情況，即使有寫作的天份，當夢想與現實衝突時，他大可以去從事一些比較高薪的行業，或是在每天下班後怨天尤人，放棄寫作，然後為了生活的重擔庸庸碌碌過一輩子。

如果當初他選擇了這個看似無害的選項，或許到老、至死，他都不知道自己曾經錯過了一段這麼精采的人生——新書甫出版就受到全球期待轉譯的當紅作家，並

在努力的過程中，在生命最過不去的時候，
你什麼都可以捨去，除了希望。

在二〇〇三年獲頒美國國家圖書基金會「終身成就獎」。

看看史蒂芬．金的崛起故事後，或許你可以反思自己現在的處境。有些人會抱怨：「為什麼我這麼努力，幸運的事卻總是發生在別人身上？」或是邊羨慕別人，邊嘆道：「為什麼上天總是這樣不公平？」

事實上，當你處在衡量到底誰比較幸運、不幸的這種惡劣情緒時，有一群和你一樣艱難，或比你更困頓的人，連抱怨的時間都沒有，他們只能用時間去努力，證明自己的能力。而你只能任由失敗的痛苦腐蝕內心的鬥志，如同行屍走肉般地活著。

所以，在努力的過程中、在生命最過不去的時候，你什麼都可以捨去，除了希望。只要希望仍在燃燒，不曾磨滅，假以時日，一定能重振旗鼓，揚著風帆，朝著你想要的生活駛去。

當你又陷入自卑自憐的牛角尖中，可以學著正面思考：

有時間計較，不如想辦法改變現狀

人的一生中，經歷成功的高峰與失敗的低谷是不可避免的功課，我們所能做的就是坦然接受，並相信眼前的課題都是為了迎接未來的成就，然後想辦法改變現狀。

面對困頓，痛苦、悲傷、自責、悔恨……各種負面情緒都是人之常情、在所難免，你想要成功跨越，就必須同時克服黑暗的阻礙，才能擁抱光明的實力。所以，不如好好利用現有的時間去磨亮自己，透過學習、歷練而放下內心的不甘和痛苦，你必須重新站起來，才能擁抱成就。

重振旗鼓，就能迎頭趕上

就算是天才，成功也並非無法一蹴可幾。看看過去世界歷史上舉足輕重的智者，曾經歷什麼樣的質疑與失敗：現代物理學之父愛因斯坦三歲才會說話，還曾受過納粹黨的迫害與追殺；現代天文學之父伽利略因其公開支持《日心說》，而受到當時天主教教會的軟禁，度過餘生。

如果這些舉世聞名的天才都會有失敗的時候，那我們一般人又何嘗不會偶爾的

連舉世聞名的天才都會有失敗的時候，
那我們一般人又何嘗不會偶爾地失足呢？

失足呢？

重要的是，當我們在遭遇失敗與挫折的情緒過後，要靜下心來分析檢討失敗的原因，吸取其中的教訓，並找出避免失敗的方式，當你戰勝了過往的自己與暫時的失敗，只要能夠重新振作，全力朝著目標衝刺，擁抱目標，那又何必在意過程的險阻呢？

親愛的，有時候要看出一個人的人生從此走向成功還是失敗的道路，其實很簡單。不用經大師指點、也不用去求神問卜，有時候就在你的一念之間：是要奮發向上、還是繼續意志消沉，你的人生只有你說了算！

善於自嘲者，才是幽默中的高手

有時候，我們可能會因為別人無心的一句話而暗自思考很久：「為什麼他會這樣說呢？難道在他心中我就是這樣形象的人嗎？他這樣說，究竟是開玩笑的，還是真的這樣認為呢？」

或是想：「他不知道這樣說，我會覺得很受傷嗎？」

以上兩種情況，都可能讓一個簡單的玩笑話，讓彼此的關係悄然生變。

正所謂「說者無心，聽者有意」，為什麼看似輕鬆的玩笑，聽完之後反而會讓人感到完全輕鬆不起來呢？該如何分辨到底是自己過度在意，還是別人確實話中有話，的確有一些值得思考的地方，可以提供你評估自己的感受是否客觀，避免被這些不經意的玩笑話傷了心、也傷了關係。

類似的話，聽在不同人耳裡，就有不同的感受，要小心斟酌。

和外表有關的玩笑只適合自嘲

如果你常被別人不經意的玩笑刺傷，卻又不知該如何自處，可先從以下兩個完全不同的角度來探討自己受傷的原因：

因為對方戳中你的痛處

當你對一個億萬富翁說：「你是一個窮光蛋」時，他很有可能會笑著回答說：「對，我的人生窮得只剩下錢。」因為他們已習慣在物質上不餘匱乏，所以不會感到你在攻擊他，聽到你的反應只會莞爾一笑。

但如果你對一位剛剛擺脫貧困的暴發戶說：「買不起就別買！」他就會覺得受到了極大的侮辱，並且很可能會展現出「非買給你看看不可」的衝動行為。因為「富有」對於他們而言，是需要透過別人的認可來證明的。

類似的話，聽在不同人的耳裡，就有不同的感受。如果你聽來有正面的意義，則代表關於這部分的你是自信的、不畏人言的，但若你聽來有不舒服的感受，則代表你在這方面是自卑的，才會覺得別人在蓄意攻擊你、嘲笑你。

所以，敢於自嘲的人，是最不怕被別人嘲弄，同時也不怕別人刻意中傷的。如果在談話後，你已意識到自己是因對方踩到你的痛腳而難受，就要試圖冷靜一點，因為別人並沒有刻意挖洞給你跳，是你自己對號入座，才會有這種感受。既然這個死胡同是你自己選擇轉進去的，當你看清了情緒的源頭，自然就可以走出來了。

對方開的是無法改變事實的玩笑

有時候，有一些白目的人喜歡開一些自以為無傷大雅的玩笑，例如：對一個禿頭的男人說：「你這樣夏天應該很涼快吧！」或是對明知她很在意自己身材的女人說：「你最近好像變胖了耶！」

這些言論其實都已與「幽默」無關，因為你已經涉及「人身攻擊」。

針對別人再怎麼努力都無法改變的事實去開玩笑，例如：先天性的禿頭、肥胖，或是嘲笑別人的背景、種族……等等，其實都是屬於比較「低俗」的玩笑。

這種玩笑之所以讓人感到刺傷，是緣於後天的「無能為力」，因為別人再怎麼

敢於自嘲的人，是最不怕被別人嘲弄的人，
同時也不怕被別人刻意中傷。

取笑，自己也不可能扭轉當前的劣勢成為優勢，這就會容易種下兩人間不自覺的心結。當然愛開這種玩笑的人，往往也是朋友群中最被大家排斥的人，如果你遇到一個這種善於「毒舌」的朋友，是否要和他深交，就是個人的選擇了。

如果雙方只是點頭之交，那麼就當作他是在說一些「垃圾話」，不必將這些烏煙瘴氣的垃圾放在心裡；如果對方與你有深厚的友誼，只要你事後坦白地、理性地陳述自己的感受，對方如果看重你的感覺，一定會收斂自己的話鋒。

不過，就算是遇到以上兩種情形，也可以從「自嘲」中解套，因為懂得跳出不舒服、甚至是尷尬的情境，再開一個自己的玩笑來軟化尖銳的話語，這就是一種相處的智慧，至於要怎麼深究自己內心，或是還要不要和這種人深交，裁決都在你心，這是你的隱私，不一定要公諸於世，或是發怒還擊。

你毫不在意，別人就不會挾此攻擊

小王是一個大胖子，但他卻看得非常開，認為人只求活的開心，外表則是次要條件。他曾自嘲說：「因為我的座位中可以坐下三個人，所以當我讓座時，就比別人大方，別人一次只能讓出一位，我一讓就能空出三個座位。」和這樣的人接觸久了，大家都會忍不住喜歡他。因為小王不僅坦然面對自己的缺點，而且還笑看自己的缺憾，這會讓那些想要攻擊他這個缺點的黑心人，一點也無從施力。

當你置身於難堪境地時，如果過分掩飾自己的失態，反而會弄巧成拙，使自己越發尷尬。相反地，如果以漫不經心、自我解嘲的口吻說幾句取悅於人的話，卻可以活躍氣氛、消除尷尬。

有的人甚至覺得自嘲是一種心理成熟的標誌，雖然你損失了面子，但卻以真誠的人格魅力贏得了他人的青睞。而且當你可以從自己身上挖掘笑點時，象徵你是一個反應快又創意十足的人，不需要從周邊環境、他人身上去尋找幽默的元素，不需要以取笑他人作為自己開玩笑的手段，這才是高手中的高手。

下次，當別人又在開這種無厘頭的玩笑時，你是要繼續讓它放在心裡發爛，還是一笑泯恩仇呢？如果你選擇的是後者，恭喜你，你的EQ又提升啦！

當你可以從自己身上挖掘笑點時，象徵你是一個反應快又創意十足的人，因為你的幽默不假外求。

星星知我心

哪種星座的人最愛鑽牛角尖？

No.1

天蠍座（10月24日～11月22日）

一方面是因為天蠍座的人本身具有「一朝被蛇咬，十年怕草繩」的陰影性格，會將過去自己的經驗化作一生甩不開的包袱，所以必須時時保持警覺、提醒自己。

另一方面，則是因為他們極端的天性，會全心全意地投入自己所在意的人事物中，所以只要稍微不如己意，他就會覺得有被背叛的感覺，這又更強化了他們原本就不信任他人的心因性精神疾病。所以在這種鬼打牆的負面思考循環下，就會陷入牛角尖中，難以自拔！

No.2

金牛座（4月20日～5月20日）

金牛座的人從來就不願意承認自己具有「鑽牛角尖」的性格，偏偏他們就是最鐵齒、又難合作的那一群。他的固執在於一旦認定某個人、某件事，就不可能會改觀，既然如此，更不可能去尋求任何協調的方法，所以即使他們已經非常務實謹慎、小心翼翼，有時還是會在自己最相信的事物上「倒頭栽」。

當金牛座習慣了某種既定成俗的方式，就不容易再更改，即使別人規勸他，是不是要試試看別種方式比較好，他也會依然故我地照自己習慣的方式去做，把別人的勸戒當成耳邊風。這種性格進入職場後，往往會成為最難溝通的人，因為只要別人跟他想的、要的不一樣，他鳥都不鳥你。

No.3 巨蟹座（6月22日～7月22日）

巨蟹座的人平時待人很細膩溫柔，但在他柔軟敏感的心之外，有一層厚厚的防護殼，並非每個人都可以輕易走進他們的內心世界，不過一旦有人成為這少數的「幸運兒」，他就會對彼此的承諾「銘記在心」。

所以，如果你許諾他一個計劃，他們就會很認真地準備、期待、規劃，一旦計畫「宣告失敗」，不管到底是因為什麼不可抗力因素導致結果生變，他都很難諒解你，他只會覺得那是因為你「不夠用心」，而辜負了他的一片真心。當受了傷的巨蟹又重新封閉起自己銅牆鐵壁般的心門，就難以再對你敞開了，這時你就算說什麼，他都充耳不聞，再也不可能會相信你了。

有時候，表面上看似極大的悲劇，
其實會變成生命中最美好的事。

—《*You Can Heal Your Life*》

Chapter 2

替他人留後路，就是替自己留餘地

即使勝券在握，得饒人處且饒人

當我們在市區行走時，難免會遇到道路狹窄之處，當前方只剩下一個人能夠走入的距離時，如果對面剛好有一個人迎面而來，這時，你會選擇退一步，讓對方先走，還是自己加快速度先行呢？

見微知著，從小地方其實就可以觀察自己與他人潛意識的性格。

如果你會選擇先停下來，退一步，讓別人先走，那麼你是行事較不急不徐的人，對你而言，就算等他人走過，不過短短數秒鐘的事，一點禮讓，換一點和氣，何樂而不為呢！

如果你是會加速通過，或是明明已經快和對方撞上，也要硬擠而過的人，可能要想想：你是不是常常覺得生活中充滿了大大小小的不如意的事呢？如果是，那麼偶爾試著讓人三分，相信也會讓你感到「真倒楣」的時刻慢慢減少，因為你已經放寬了心胸的距離。

禮尚往來不計較，小人也會變貴人

「狹路相逢」的情況，就像是我們偶爾會和別人在立場、利益上有所衝突的情境，這時你又會採取哪種應對的姿態呢？

如果在根本就不至於損失慘重的情況下，適時地讓人三分，反而會建立良好的合作默契，下次若你有急需之時，如果對方在許可的情況下，也會適時地幫你一把。

所以與其在自己行有餘裕時與他人錙銖必較，不如這次稍微給別人一些方便，有時候會在無形中為你累積福分，甚至在欠缺臨門一腳之時，這些曾經想占你一時便宜的小人，也會在潛移默化中成為你的貴人。

相反地，如果我們處處不懂得讓步，凡事都要與別人斤斤計較，久而久之，會在別人心裡種下「這愛計較的人，最好別招惹他」的感受，下次當對方有好康之時，分享、回饋的名單自然不可能有你。因為別人會想：像他這麼愛計較的人，一

有原則和死腦筋就在你的一念之間，端看你願不願意放寬心。

旦被吃定就難以擺脫了。如果你適逢人生難關，別人也只會冷眼旁觀，深怕出手相助還惹得一身腥。這時的因果關係，又是誰種下的呢？

有些人無理爭三分，得理不讓人；有些人真理在握，得理也讓人三分。所以，在發生衝突和矛盾的時候，不要一味地計較到底，如果能適時替別人留個台階，下次對方也為你留些餘地。

與人為善，不與人為惡

人生在世，應該適時採取圓融變通的方法，而不是自己認定了一條規則，就絕不通融，這樣你會每天都有發不完的脾氣、說不完的抱怨。有時候，有原則和死腦筋就在你的一念之間，端看你願不願意放寬心。

況且，這個世界上的事情既複雜又多變，我們現在身邊重要的另一半、最要好的朋友、公司的同事和主管，都曾是素不相識的陌生人，何時會與誰結緣這難以論斷，既然如此，只要凡事與人為善，不與人做意氣之爭，能讓人三分之時，絕不占人便宜、道人長短，你的寬心以待，不只會成為一種修養，隨之則來的好人緣更會增加你的貴人運。

至於這種修養如何修持呢？下次你又遇到衝突之時，可以參考下列想法，一定會有助於化解僵局。

別讓率性變相為任性

人生在世，千萬不可過度極端，或許你會覺得：我就是習慣率性而為，但你可能未曾想過這種看似直率的作為，若是妨礙、傷害到他人，率性就會變成任性。

當你發覺自己和對方不論在言論上或利益上有所衝突之時，有時候，多設身處地替別人著想一些，留有餘地，不把事情做絕，只要你不計較，很多難解的結也會迎刃而解。如果別人和你想法不同，你可以適切地表達自己的看法，但不必全盤托出，非要到別人認同你的想法才閉嘴，這樣可避免許多針鋒相對的局面。

當你願意多退幾步，換得一片和氣，減少爭端的同時，你也會覺得人生越過越順心如意。

你的寬心以對，不只會成為一種修養，隨之而來的好人緣更會增加你的貴人運。

冤冤相報何時了，得饒人處且饒人

有時候，我們會因為之前和此人不對盤，一逮到占上風的時機，就意圖挾怨報復。或是覺得：「過去我們爭執時，他也沒讓過我，為什麼我就要讓他呢？」如果你抱持著這種心態，就已落入了「以小人之心」度他人之腹的死巷中，就算你這次贏得一時的勝利，也不會得意太久，你只會開始擔心：下次他不知道會用什麼手段對付我？

與其如此，不如在得饒人處且饒人，俗話說：「冤家宜解不宜結。」想當然爾，一個樹敵越少的人，等於為自己預先除去了前方可能的路障，既然一時的寬恕可以讓你未來走得更心安理得，又何必於人、於己過不去呢？

別把話說死，替自己留點「口德」

有位年輕人和同事之間有些小摩擦，鬧得很不愉快，一氣之下，他撂下狠話：「既然我們意見不和，從今天起，你做你的，我做我的，誰也不要干涉誰，看誰損失比較大！你以後出什麼問題，千萬不要來找我幫忙！」

沒想到，離氣話說完還不到兩個月，這位同事就受老闆拔擢成為他的頂頭上司，年輕人因當時的意氣用事和「新主管」相處起來格外尷尬，也認定對方一定不會給他表現的機會，只好辭職，另謀他就，沒想到因景氣亮藍燈，工作不好找，只好一直在家撙節支出地過日子。

前人曾說：「說話（或是人情）留一線，日後好相見面。」像上述那個年輕人諸如此類的例子，其實也常常發生在我們身上。

即使對方的建言不見得能深得你心，
但至少毫無惡意，實在沒必要上演「翻臉不認人」的戲碼。

不管是與情人間的爭吵、與父母的理念不和……等等，在情緒的催化下，一時把話說得太決斷，傷了別人，自己也失去了挽回的空間。既然如此，為何我們要繼續做這種傷人傷己的舉動，難道長久的情誼比不上一時之氣？

即使是一時的意見衝突，在一般的情況下，大家也是出於立意良善的出發點，才會提供建言、想法，並非為了和你拚個高下才口出此言，既然如此，即使對方說的內容不見得那麼深得你心，至少毫無惡意，實在沒必要弄得彼此一翻兩瞪眼，如果你總是突然上演「翻臉不認人」的戲碼，久而久之，身邊的親人、情人、朋友也不敢對你說真話，還會在內心疏遠你，這應該不是你樂見的結果吧！

即使胸有成竹，也別把話說死

說話的確是門值得學習的藝術，坊間有許多書籍可參考，要做到不「出口傷人」在一般情況下還算容易，但能否是在得意之時，也能替人留一分餘地，就端看個人的修養了。

因為當一個人說話說得越絕對、越肯定時，百密總有一疏，就更容易忽略其中變化的因子，而做出錯誤的判斷。這只會讓人更容易發現你的堅決其實只是不容否決，並不如你所言得如此正確，反而會失去你期望自信所能帶來的尊重。所以，即使覺得胸有成竹，也可以表達得委婉一點。

其實，人際交往就像上戰場，讓自己採取一個進可攻、退可守的戰略，才能攻防自如，甚至讓人我皆達到雙贏的境界。

不過，即使我們再能言善道，遇到一些難以啟齒的棘手情況，也會心慌，這時該怎麼做呢？

拋卻「我的說法比較正確」的好勝心

大部分的情況下，到底是對是錯、誰是誰非，有時並沒有絕對的標準。不過，有些人因為內心的爭強好勝，會無視於別人的言論，只認為自己說出的才是「建言」，別人說的都是「廢言」。

這樣的人最常用「不對」、「不是」……等詞彙否定別人的說法，明明就是他

即使你在表達意見時覺得胸有成竹，
也可以表達的委婉一些。

聽不進別人的意見，最後還演變成指責他人：「你根本就搞不清楚情況……」明明只是意見交流，最後卻變成不歡而散。

所以，在心中建立起「凡事並沒有絕對的對錯、是非」的觀念後，就不會說出太「專斷」的說法，可以避免引起他人的反感，也比較不容易被踢館。

有幾分事實，說幾分話

有些人平時講話習慣誇大，卻不自知，總是在既有的事實上，又加了幾分「自我理解的版本」，所以從他那傳出的消息，總是和事實有一定的距離，而且還為了讓別人相信，說得維妙維肖，如果一被人抓到扭曲、變造事實的把柄，於職場中、朋友間的信任基礎就會一夕瓦解。

但這並非都是有意的，有時候為了規避自己的責任，我們常常會啟動防衛機制，看不見自己的缺失、卻放大別人的失誤，以求自保。

所以千萬不要隨便言過其實，有幾分事實，說幾分話，至於對錯、有利或無利，就交給該決策的人決斷，千萬不要自己又繪聲繪影地加入「自我詮釋」的「我覺得……」版本，畢竟馬有失蹄、人有失手之時，當你懂得為每個人留下一絲退路，當你不慎跌進谷底、掉入圈套時，別人就算不一定會幫你一把，但至少不會落井下石、還以顏色。

「德行」一直是學生時代教育的核心，一個人如果「失德」，就算他再優秀、再聰明、再有才華，也會被人看不起。說話也是一樣，如果我們開口前，能不計較過往恩仇、不在意誰對誰錯，留一分「口德」，相信最後深獲其益的還是你自己。

在自己心中建立起「凡事並沒有絕對是非」的觀念，就不會說出太「專斷」的結論，引人反感。

放下一己之私，得人心者方能得天下

我過去曾在金融服務業擔任過幾年秘書的角色，那時曾看過許多為了「搶業務」，不惜與同事撕破臉的情況。拉業務可謂各憑本事，不過若是落入惡性競爭的循環，就算一時的得勢，也無法換得心安理得。

例如：A業務才剛向一位潛在型客戶解說完產品，前腳剛離開客戶辦公室還不到三十分鐘，B業務又進去拜訪客戶，並且更詳細地加以解說，言談中還有意無意地釋出「A業務會提高價格，賺取客戶較高利潤」的說法，消費者聽了就算不會想和A業務簽約，但更不可能因此提高對B業務的信任，最後公司的這樁生意就這麼飛了。

如果我們為了追求個人利益而不顧他人的損失，當你獲得大量利益的同時，其實也會將自己置身於一個四面楚歌的境地。既然要覬覦他人的收成、花心思在「扯別人的後腿」，為何不把精神花在增進自己的專業能力呢？而且，就算別人踩著你的肩膀往上爬，如果他沒有真正的實力，遲早也會失去優勢，實在不用因為別人對你使用「拗步」，你就以牙還牙。

在前往目標的路上，或許有很多的人、事、物會擋住你的去路，但只要你靜下心想想：他們的目標是阻礙你，但你的目標卻在前方，既然雙方的目的不同，其實沒什麼衝突，如果你硬要停下來和他們對峙，那麼只會浪費自己寶貴的時間而已。

正所謂「得人心者得天下」，有時候，世事無法都用世俗的利益去衡量，適時地對他人伸出援手，在成全他人的同時，其實也是在成全自己。當你有一顆懂得感恩、懂得寬容的心，你會發覺原來沒有這麼多人在蓄意阻礙你，相對地，他們還是以另外一種形式在幫助你快速成長，下一次，當你又遇到這些看似找碴的人時，你會扭轉原來怨懟的思考模式，並發現獲得內心的平靜其實是一件這麼簡單、愉悅的事。

如果我們為了追求個人的利益，而不顧他人的損失，其實也會將自己置於一個四面楚歌的境地。

為他人著想，施比受有福

十九世紀，印度的精神領袖甘地有一次要上火車時，他的一隻鞋子不慎掉到了鐵軌旁，不過此時火車已經發動，不可能再下去撿回那隻鞋。於是甘地急忙地把穿在腳上的另一隻鞋子也馬上扔到鐵軌旁，打著赤腳回到自己的坐位。

同行的友人對甘地的行為面露疑惑，甘地笑著說：「這樣一來，路過鐵軌旁的窮人就能得到一雙鞋子了。」

當我們不慎錯失某件物品時，往往會非常懊惱自己的不留意，甚至還會開始估算損失的價值，一整天心情都因此悶悶不樂。不過，甘地遇事時考慮的並非自己的處境，而是別人的獲得。

拋開了自我「得失」的桎梏，當你發自內心地為他人設想，那些原本看似與你爭奪的敵人就不再與你為敵，不論他對你做的事情是對是錯、是好是壞，都是為了要幫助你走向自己，這也是甘地之所以能領導著印度和平抗爭，得人心又能得天下的緣故。

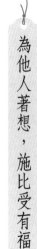

氣定則心定，心定則事圓

如果下次又遇到那些跑到你面前搶功的奸詐小人，或是喜歡占別人便宜的吝嗇鬼時，你可以試著用以下心念，驅退心中的陰霾。

現在的「被害」，是未來成功的踏板

如果自己費神費時做了幾天的企劃案，卻讓他人坐享成果，自然是氣不過。但若你能稍微跳出「被害者」的情境，冷靜地試想：為什麼他要這麼做呢？答案就是因為他的能力遠遠不及你，所以才會想竊取別人的成果、構想，那麼到底是誰比較悲哀呢？長此以往之下，這個人會因習慣以逸待勞而失去競爭力，而你則會不斷提升能力，機會是給準備好的人，因為你還在他的影響範圍中，所以才會讓這小人有機可乘，假以時日，你的能力已經三級跳了，別人根本就望塵莫及，那麼現在的打擊，長遠而言，對你其實是有益無害的。

世事無法都用世俗的標準去衡量，適時地對他人伸出援手，當你成全他人的時候，其實也是在成全自己。

其實你不需要所有人的掌聲

為什麼我們會這麼在乎自己的功勞被搶走？除了因為那是自己的心血之外，也是因為那是我們試圖讓別人認可自己能力的機會。

如果你是一個有實力的人，就算這次沒有得到他人的掌聲，假以時日，只要你可以一直提出傑出的作品、思慮縝密的計畫，就算不用得到別人的認可，在主管、旁人眼中，你還是很有實力、值得信賴的，所以，不如放下看似損失的虛名，轉而累積自我的能力，逐步提升自我的你，就算沒有人看見，也是一顆耀眼的明日之星。

人都是自私的，難免會因為自己所認定的名利、甜頭被他人占去而跳腳，但如果你一直沉浸在「失去」的情緒之中，就不會看到你「得到」了什麼？或許你的寬厚會為你換得更寬廣的人脈，或許這一次的「失利」反而讓你志得意滿、但卻尚未純熟的計畫，有了更多可以修改的機會。當老天爺拿走你一些寶物，一定會再補一些寶物給你，就看你看不看得見！

寬待他人，就是解放自己

年歲漸長後，隨著閱歷的增加，我越來越覺得人與人之間的關係是一種難以言述的藝術，你可以把它想像成一種交際舞，當你步步逼近時，別人只能隨之後退，但若你試著向後退，對方反而會向你靠近。前進，是我們的本能，退讓，卻需要用一生去學習、包容。

當我了解這個道理之後，逐漸發覺退讓、包容反而會讓生活更和諧快樂，反觀那些喜歡咄咄逼人的人，有時候，他們會在不知不覺中逼走了身邊最重要的人，為了一時的「自我」，而失去了這些滋潤生命的養分，心也漸漸封閉、凋零。

學生時代一直到出社會之後，我們都在學習如何「前進」、「超越」，但有時候，「退後」才能讓你看見他人有別於你的優勢，才能學會尊重、學會合作、學會

前進，是我們的本能；
退讓，卻需要用一生去學習、去包容。

相處，這重要的一課，常常耗盡我們數年的經歷及心神，才能稍稍領悟箇中奧妙。

有時候，退一步，把機會的座位禮讓給更需要的人，你會看見內心的成長，因為你不只懂得傾聽自己的需求，你還能聽見別人的需求，這種天賦，無疑是一個人成長、成功的轉捩點。

將包容自己過錯的心，推己及人

有一天，美國的發明大王愛迪生和助手在歷經了千百次的失敗後，終於成功地做出了一個能夠點亮的燈泡。他們興喜若狂，並且非常珍惜這個成果，於是請一個年輕的學徒，將這個燈泡拿到樓上的實驗室好好保存。

沒想到，這名學徒因為了解這個東西之於實驗室的重要性，心裡過於興奮緊張，結果在上樓的時候，竟不留意地摔倒了，把愛迪生好不容易研發出的燈泡摔個粉碎。不過，即使愛迪生感到非常惋惜，卻沒有責罵這名學徒，只是默默地投入實驗室，重新研發。

過了幾天的失敗後，愛迪生和助手又成功地製造出了一個燈泡，這時，愛迪生若無其事地請那名學徒再次將燈泡送到樓上的實驗室保存。而他也安穩順利地達成了這個任務。

事後，愛迪生的助手埋怨地說：「原諒他就夠了，你何必再把燈泡交給他呢！萬一又摔在地上怎麼辦？」

愛迪生不急不徐地回答：「開口原諒是口說無憑，當你願意再給他一次機會，才是真正的寬恕。」

想想，愛迪生之所以能成功，當然與他的天賦有關，但更與他的人格脫不了關係。因為他並非是一位只會著眼於自己及他人錯誤的短視之徒，相反地，反而能將包容心推己及人，他不只成功地發明了燈泡，更為世人上了終生難忘的一堂課。

敞開心胸，宰相肚裡能撐船

當在緊要關頭，面對別人的犯錯，我們往往更容易氣急敗壞，這時，你可以試

把機會讓給更需要的人，你會看見自己的成長，
因為你不只懂得傾聽自己的需求，還能聽見別人的需求。

著用以下心念，敞開心胸，釋放對方，也釋放了因此糾結的自己。

人非聖賢，孰能無過

我們都有不經意犯錯的時候，這時，你是希望對方能夠給你一個改過的機會，還是抓住你的痛腳，一再用言語反覆鞭斥呢？

日常生活中，我觀察到有一種人，一抓住別人的小辮子就把肇事者批評地體無完膚，好像做錯了這件事，人生就會因此倒地不起。

想想看，如果一個總是在別人犯錯之時，還用苛薄言語落井下石的人，當他有一天犯錯了，其他人會怎麼對他呢？

所以，得饒人處且饒人，當別人發生失誤時，如果你能給對方一個改過的機會，甚至扶他一把，未來你不慎犯錯時，人家也會留一個台階給你，正所謂，凡事留一線，日後好相見嘛！

計較別人的過錯，就是和自己過不去

有的人總是對朋友的過錯耿耿於懷，即便在多年以後，內心還是存著疙瘩。其實，這麼多年來，是你選擇讓痛苦如影隨行，那位朋友搞不好早就忘記了。所以，與其念著他人之惡，不如念著他人之善，當回憶過往，心中都是美好的情節，這樣的人生才會漸入佳境，若心中掛記的都是黑白的、不愉快的片段，放不下沉重的包袱，未來也難以邁開新局。

所以，下次再看見別人犯錯之時，在心中提醒自己：己所不欲，勿施於人，給對方一個改過的機會，絕對會比臭罵對方一頓更有效，而且還能拉近彼此的距離，你試了就知道多有效！

開口原諒是口說無憑，當你願意再給他一次機會，才是真正的寬恕。

越好的交情，越忌「口不擇言」

所謂「士可殺，不可辱」，在某些場合中，一個人的面子甚至比他的生命還重要，所以對於某些別人會特別在意的話題，不可不慎。

有些人自以為幽默或是跟朋友很熟，常常開玩笑開過了頭，完全不顧及別人的顏面，這種說話只顧自己開心，不顧別人心情的人，再好的朋友也難真正與他交心。

其實輕鬆談天並不難，但一定要先了解談話對象的「底線」，這樣就可以避免白目地「踩線犯規」，除去了這些禁忌的話題，還是能夠暢所欲言。

察言觀色，才能暢所欲言，所言皆是

西元一三六八年，朱元璋建立明朝，是為明太祖。

某天，一位過去熟識的老鄉進城求見朱元璋，他一聽說是往日的老朋友，馬上宣他進殿賜座，想一敘舊情。

誰知這個朋友一看到朱元璋，就忘了兩人今日的身份懸殊，大剌剌地談起往事：「您還記得嗎？過去我們一起替人家放牛時，有次想把偷來的豆子清蒸煮來吃，結果還沒煮熟，大家就搶著吃，甚至把陶鍋打破了，撒了一地的豆子，那時你餓得慌，居然抓起地上的豆子就往嘴裡塞，還和進了不少泥巴樹葉……」

老鄉說得眉飛色舞，卻沒發現朱元璋的臉色早已鐵青，還沒等他說完，朱元璋就大發雷霆地說：「這人竟敢以下犯上、一派胡言，給我推出去斬了！」

如果這位老鄉懂得「看人說話」，憑藉著他與明太祖的往日情誼，若沒有加官晉爵，也能受賜不少錦衣玉祿。但他卻偏偏要將別人過去不風光的一面翻出來，以表現出自己多了解明太祖，與他有多熟識，卻不知言談內容之於聽者的輕重，最後只能白白葬送性命。如果他能稍微替朱元璋留一絲顏面，只談及往日的英雄事蹟，

一個人的面子甚至比他的生命還重要，
所以對於某些人會特別在意的話題，不可不慎。

相信會馬上改寫自己人生的結局。

給別人留面子，替交情留裡子

其實我們都不喜歡聽到別人挖苦自己，但自己為何總是有意無意地挖苦別人呢？深究這些喜歡「笑中帶刺」的這類人，其實他們心中隱藏了許多對別人的不滿，既不懂得用正確的溝通方式表達他們的受傷或自卑，又怕與別人撕破臉，所以才藉故以這種「若有似無」的嘻笑言語，淡淡地帶過對此人的攻擊。

在淺層的意識中，他們會說服自己：「唉呦，我只是開個無傷大雅的玩笑嘛！」其實在更深一層的意識中則隱含了這種念頭：「有些話，我實在是不吐不快，藉此才能抒發我心中的鬱悶。」

但這種「內傷型」的溝通方式，最終只會傷人傷己。

所以，這些「不留情面」的說話方式，深究其理，還是因為心中早就種下了與此人的心結，才會語出如此，而心病還需心藥醫，希望以下幾帖藥方，能夠減少你不自覺「話中帶刺」的壞習慣。

凡事看開，才能真正敞開心門

在這個世界上，每個人在成長的過程中，或多或少都會背著一些舊傷。當這些瘡疤不慎被別人踩到時，自然心痛。但我們要學會諒解別人，要透徹地了解對方心中的地雷在何時、何處，實在是太難了，既然如此，別人偶爾的誤觸地雷，就別耿耿於懷，覺得他是在故意找你麻煩。

有些人還會害怕別人瞧不起他，而在心中種下芒刺，只要放下「我執」，不用覺得別人的言語、行為都是處處「針對你」，放過別人不經意的犯錯，就能拔去心中那一根根無形的芒刺，成為一個能用真心擁抱朋友的人，這樣的你言談之間必定充滿包容、溫暖。

對別人特別敏感的事情要留心

經過從小到大的教養培訓，我們應該知道，關於一些「不可逆轉」的事實，不能拿來亂開玩笑，就像我們也不喜歡別人拿自己身心的缺陷來諷刺一番，我們就更

放過別人不經意的過錯，
就能拔去心中一根根無形的芒刺，用真心擁抱朋友。

不能以此待人。特別是涉及個人隱私、身材、缺陷、過往的錯誤……等既成事實，既然無可改變，當你拿此作為茶餘飯後的玩笑話，就是在別人傷口上灑鹽。

如果你不了解這樣的話題到底會不會傷及他人，表示你們之間的交情還不夠深到可以亂開玩笑，因為如果是真的朋友，你不會不了解他心中的禁忌。

當你能在言談間顧及別人的感受，知道孰輕孰重之後，自然能與人深交，廣結善緣。

聽得進的是建議，聽不進的是批評

當我們不慎失誤時，總希望別人能多給我們一次彌補的機會，好讓我們證明自己的確是一時失足，並非實力未逮。換個立場想想，當你面臨別人的失誤時，是如何處理的呢？是咄咄逼人、嘲笑對方，還是鼓勵對方、提供建議，並再給他一次更正的機會？

從以上問題就可以得知你是一個「嚴以律己、寬以待人」，還是「寬以律己，嚴以待人」的人。

此外，當你提供建議時，是出於感同身受的良心勸告，還是發洩情緒的批評呢？

有些人因為天性熱心，所以在別人分享生活經驗、對未來迷惘時，總喜歡以

你是一個「嚴以律己，寬以待人」的人，還是「寬以律己，嚴以待人」的人？

「過來人」之姿給予叮嚀，卻忘了多加考量聽者的立場、心情，所以不僅無法拉近和對方的距離，反而讓人害怕「被念」，而和他漸行漸遠。

所以當別人提供我們建言時，自己要特別虛心受教，不要因一時的自尊，而失去廣納建言的機會。當我們想提供一些建議時，千萬不要露出一副「你這樣做不對、我這樣才對」的自以為是態度，這就不是有建設性的「建言」，而是流於情緒的「批評」，不僅對他毫無助益，對你們的關係還有害。

多鼓勵，少批評

身為雜誌社的資深編輯，能受邀參加一年一度的雜誌評鑑工作是一項殊榮。許多同業都對此嚮往已久，每年會受邀的評審也只有少數幾人，但宋先生卻每年都會接到主辦單位的邀請函，同行都對他羨慕不已。

為什麼在雜誌界並非特別有名望的宋先生，能夠有此殊榮呢？在某次雜誌評選結果公布後，有位比較大膽的記者向擔任評鑑委員的宋先生提出了這個疑問，他才道出了其中的奧祕：「其實，若要論專業眼光，坦率地講，我並不是特別在行，而且比起其他評鑑委員，大多是雜誌社的社長、創辦人，我也沒有像他們那麼高的職位，可以說不足以被重視。但我相信，我之所以每年都會被邀請，就是因為我在公開的評審會議上始終堅持一個原則：多稱讚，常鼓勵，少批評。畢竟每一份雜誌都有它的優點，對於優越之社，我會公開鼓勵、讚賞，但它們若有不足之處，我則會私底下找來雜誌的編輯人員溝通，提出我的建言。能夠每年出任評審委員，我想應該是我除了提供應有的建議外，還考量到了雜誌從業人員的努力與心情。」

儘管在雜誌評審的最終結果，名次總是有先有後，但宋先生卻讓所有的人不只贏了面子、也有成長的機會，難怪每年都會在受邀之列。

認同對方的處境，才能感同身受

下次當你想對身旁的人提出建議之前，請先用以下角度檢視一下自己的出發點，再決定是否要說出口，這樣可以讓你的善意更完整地傳達給對方。

當你表達完建言後，放手讓他「自己做決定」，而不是把你的決定當成他的決定。

你是基於自己的考量？還是為對方著想？

有時候，我們常會聽見身旁的人在勸誡時，苦口婆心地說：「我是為了你好，才會告訴你這些事……」實際上，真的是如此嗎？

許多父母因為擔憂自己的孩子跟不上同儕，不斷地在課業成績方面逼迫孩子必須明列前茅，卻未考量到若孩子是在不快樂的情境下被動式學習，這些知識不僅過目即忘，這種毫無通融的標準還會帶給孩子一生的陰影，因為他們會習慣把別人的標準當成自己的標準，失去了獨立思考、追求夢想的能力。

所以，你是為了讓自己心安，滿足自己的虛榮心，還是因為孩子了解吸收知識的重要性，熱愛學習？

當你能冷靜解析自己思緒的出發點，才能搞清楚自己發言的立場，你可以先傾聽孩子真正的需求，再把你的擔憂和他分享，讓他同時培養感受與思考的能力，並試著放手讓他「自己做決定」，而不是把你的決定當成他的決定。

傳達了建議，會減輕對方的苦惱，還是反增對方的心理負擔？

有時候，我們會被一時的情緒蒙蔽了雙眼，表達是為了發洩？還是發自真心的建言？這其實很好判定。

當你覺得自己了解對方的需求後，要先想想這些建言確實是可以幫助對方解決眼前的問題，還是反而讓他更無所適從？本來他只要擔心眼前的問題，但在你提出建議後，他還要再兼顧自己的想法是否會被所愛的人認同。

溝通是為了幫助對方釐清思緒，回到核心的問題，而不是分散他的注意力。永遠記住，能夠放下身段，以對方所需的立場與其溝通，當他聽得進你的經驗談時，才是建言，其他聽不進的都會被當作批評，只會拉遠你們內心的距離。

無論你是否說出了心中亟欲表現的建議，如果能「不計較」對方採納與否，並能欣然接受最後的結果，你會發現，包裹著溫情的建言，會讓彼此的關係提升至原本更難以觸及的境界。原本為對方預留的那一分著想的空間，反而使關係更緊密相連。

聽得進的經驗談，才是建言，
聽不見的經驗談只會被當成批評，拉遠彼此內心的距離。

肯低頭的人，永遠不會撞到矮門

我曾聽見老一輩的人說：「計較，是貧窮的開始。」當我們與別人計較、爭吵時，總是緊握著心中的執念不肯放手，卻往往因此忽略了最重要的東西，讓它轉瞬即逝。

的確，如果我們喜歡處處與人計較，與自己過不去的結果只會讓別人疏遠，內心也越來越貧瘠空虛，或是常常與他人過不去，而導致自己在現實環境中受困時，孤立無援。所以，別總是仰著頭與人相爭，有時候適度地低頭，反而能看到另一片截然不同的視野，在生命轉彎的時刻，因柔軟的身段，看得見另一塊肥沃的良田。

彎下腰，為生命找出路

八年前的周春明，是一個平凡的水電工，因為大環境的不景氣，讓他的接案收入越來越少、越來越不穩定，這種危機意識促使他找了份兼差以負擔全家的開銷，於是他選了開計程車這門生意。

為了增加客人的乘車機會，他每天都到松山機場去排班等待載長途的旅客。雖然他還沒有累積的客源，也沒有固定的路程，但是他心裡並不慌張，因為他為自己定下一個明確的目標——他要做個不一樣的「運將」！

某天，他在松山機場排班時，發現前面有一位客人一上車，又馬上下車，一連換了好幾輛計程車。那位客人就這樣上上下下開了六輛計程車的車門，下車後轉而走向排在第七輛計程車的周春明。他正感疑惑之際，就聽見客人的問話：「司機大哥，一千三百元到新竹，能不能載？」因為長途載客必須要考慮到油錢的成本和回程的空車率，所以從臺北到新竹，計程車司機彼此心中有個約定成俗的價格：一千六百元，因為低於這個價格就等於在虧錢做生意了。

周春明轉念一想：「或許這個客人真有急需，我在這裡排了好久也不見得有生

別總是仰著頭與人相爭，
適度地低頭，反而能看到另一片截然不同的視野。

意，先姑且接下這個生意。」於是，他微笑地請這位客人上車了。

當他把客人順利送達新竹後，正打算迴轉開回臺北。突然，他想到一個好主意：「對了，清華大學那裡有個客運站，很多商務人士會從那裡搭車回臺北。我可以找客人一起共乘、分擔成本啊！」

於是，他開到清大旁的客運站，剛好看到一位在等車的女士，周春明客氣地詢問對方：「小姐，你要不要共乘回台北？我會算你便宜。」

這位小姐起初感到很不以為然，心想：天底下哪有這麼好的事？

看客人沒反應，周春明又問：「請問你搭公車回臺北要多少錢？」

對方回答：「一百一十元。」

周春明馬上說：「那坐我的車，我算你一百元就好了。」

這時，客人的臉上露出驚訝和懷疑的表情，並謹慎地打量著他。

他趕緊拿出車上的計程車登記證給她看，並解釋：「小姐，你放心，我是奉公守法的計程車司機，只是剛從臺北載客人到新竹，現在要回臺北，想要找人一起共乘，分攤一點成本。」

看他一副誠懇的樣子，這個小姐的心有些動搖，但又害怕而坦白地說：「可是，只有我一個人，我不敢坐。」

周春明了解客人的顧慮，他回答說：「沒關係，那我們再等等其他的客人，多點人一起共乘，你應該就可以放心了。」沒多久，又有另一位小姐走近客運站，周春明同樣客氣地邀她共乘，因為至少有兩個人可以作伴，又可以用比較便宜的價錢、更快捷的方式到台北，所以兩位乘客都答應了。

因為在公車站稍微耽擱了一些時間，炎熱的夏日讓周春明感到口渴難耐，於是他對乘客說：「不好意思，今天實在是太熱了，從這邊回台北又至少要一個多小時的車程，我先去買個水，請兩位進去車裡吹冷氣稍後一會兒，我們馬上出發。」

沒多久，他就拖了三礦泉水回到車上，還將手中的兩瓶礦泉水客氣地遞給乘客，兩位小姐沒想到平日看似鐵漢的計程車司機也有如此貼心的舉動，相視而笑。

這一趟不計較的新竹台北往返之行，因為有了乘客的分擔，也減輕了周春明對

在生命轉彎的時刻，
柔軟的身段，能讓你看見肥沃的良田。

於成本上的負擔，更為他未來的計程車生涯開啟了新的一頁。

兩週後，周春明突然接到一通電話：「你好，司機大哥！你還記得我嗎？我是上次從新竹和你共乘回臺北的客人。」

他感到非常意外，沒想到她會打電話過來，連忙回答：「是啊！我記得你。黃小姐，你好！」

客人接著說：「哇！司機大哥記性很好耶！我想請你幫忙，要從臺北載一位老師到新竹，你能不能先報個價？」因為他報的價格低於行情，黃小姐也認為他的報價比較公道，於是他就在約定的日子裡，去學校接一位邱姓老師，他常到北部各地受邀演講。

他本來以為這只是一次性的生意，沒想到上次他載的黃小姐任職於新竹的一家企業管理顧問公司，透過客戶的引薦，他開始固定從臺北載老師們到新竹演講或是開會。就這樣，在這種景氣不好、又缺乏固定客源的計程車行業中，因為周春明一時的轉念，不計較眼前少收的三百元，並且對待每位客戶都認真地傳達自己的服務熱誠，他替自己開拓出一條長途載客的固定客源。

而且因為客人大多是教授、講師、企業老闆，所以往返性的車程非常頻繁，現在要預約他的車，還要等半年。也由於業務應接不暇，他還成立了一個自己的車隊，用同樣熱誠用心的態度培訓更多的計程車司機，將計程車的事業做得越來越成功，後來，還受邀到各企業、學校去演講。

雖然現在許多人都怨嘆好工作難找，但當你有一份工作時，是用什麼樣的態度面對自己的工作，是為了每天加班又沒加班費可領而氣惱？還是學著用更有效率的方式工作？是每天抱怨自己的老闆、主管難相處，還是虛心檢討自己的應對態度是否合宜？

所以，不計較的重點是看自己怎麼想、怎麼做，並非總是把期望的標準施加在外界、他人身上，自然很容易幻滅。其實夢想的生活、工作並非難得，條條大路通羅馬，就看你是否願意先推開自己心中的窄門，就能看見外面的康莊大道。

不計較的重點，是在於自己該怎麼想？怎麼做？
並非把期望值加諸在外界、他人的改變身上，自然會幻滅。

以德報怨，惟有修心方是福

以前常聽到人家說：「以德報怨。」但當我們遇到別人的存心陷害時，有時卻很難擺脫負面情緒的牢籠，雖然心裡也明白這樣無疑是掉進了對方的圈套（他就是希望讓你不好受，而你確實也因為無法輕易寬恕對方，終日處在被迫害的抑鬱情緒中），要逃過自己的心魔並非一句咒語就能解脫，但若你有天親身體驗了「以德報怨」帶來的福報，解放心中那個不快樂的自己，從此以後你也會相信修心便是福。

是敵是友？就看你願意不願意放下

賣磚商人卡爾曾因生意對手的惡性競爭，而使自己的事業陷入長期的困境。對方為了搶下卡爾經銷區的客戶，就告訴那些原本與他合作，或正打算和他合作的建築師與承包商：「卡爾公司的磚塊品質不好、偷工減料，常常收到客訴，因此卡爾的公司即將因周轉失靈而面臨歇業的處境，如果再與他合作下去，恐怕中途會合作生變、滋生事端。」

雖然有些往來許久的承包商願意相信卡爾，但卻嚴重地影響到卡爾的潛在客戶群，看到自己的業務成交量一天天的萎縮，卡爾對這番流言的攻擊心生無名火，甚至也想去市場上放出不利對方的流言，還以顏色一償宿怨。

週日做完禮拜後，卡爾將他心中的憤怒向牧師告解，牧師平靜地回答說：「要施恩給那些故意為難你的人。」

卡爾憤憤不平地說：「就在上個星期五，這個競爭者使我失去了一份二十五萬塊磚頭的訂單。但是，你卻教我要以德報怨，這根本就是天方夜譚嘛！」

牧師看見卡爾微慍的怒氣，對他說：「這是最難也是唯一的辦法，如果你做不到，你的事業只會日漸衰退。」卡爾雖然還是無法真心接受牧師的建言，但也了解自己應該以大局為重，畢竟比起一時的情緒，一生的事業對他而言更重要。

如果你誠心以對，對方也會如實回饋，
如果能做朋友，沒有人天生愛替自己樹敵。

當天下午，他發現住在維吉尼亞州的一位顧客，正因為打算蓋一間辦公大樓需要一批磚，而這種型號的磚塊他們公司沒有生產，卻與競爭對手出售的產品很類似。這使卡爾感到為難，是要遵從牧師的忠告，將這筆生意告訴對手，或者按自己的意思去做，讓對方永遠也得不到這筆生意。

牧師的忠告一直盤踞在他心田，內心掙扎了一段時間後，卡爾拿出手機，撥給那家競爭同業的老闆，電話接通後，卡爾禮貌且直接地告訴對方，有關維吉尼亞州的那筆生意，還直接給了他客戶的聯絡資料與訂單的規格數量。這位競爭對手完全沒想到卡爾會有此舉動，他拿著電話，難堪地一句話也說不出來。但內心卻感觸良多，充滿感激。

就憑這樣一通電話扭轉了兩人的競爭關係，這家經銷商不但停止散佈謠言，甚至還把他無法處理的一些生意轉給他做。兩人從敵手變成盟友，並且透過這種合作模式，不斷擴大了自己的經銷圈，讓兩家公司的生意都蒸蒸日上。

後來，卡爾告訴牧師：「謝謝你，牧師，把機會讓給適合的人，讓我的心裡比過去踏實多了，而那些困擾我已久的陰霾也已隨風而散。」

的確，有時候幫助別人就是在在幫助自己，無論這個人是敵是友，當你誠心以待，對方也會如實回饋，因為如果能做朋友，沒有人天生喜愛為自己樹敵。

牧師的一番話，讓卡爾受益匪淺，他終於了解了「以德報怨」的魔力，並不是為了原諒別人，而是為了寬恕自己心中沉積已久的怒氣。

以和為貴，和氣生財

常在商場上聽到一句話：「和氣生財。」雖然經商在成本、品質各方面都需要經過嚴格的層層把關，但當產品一推出，配套方案就必須懂得靈活變通，才能順利進入各種通路，爭取各種銷售的先機。這時，不論是直向合作，或是橫向交流，對生意都至關輕重。

做人也是如此，一時的利弊得失並無法代表最終的輸贏，當你因他人的陷害、占上風而受到惱人的情緒所苦時，可試著用以下觀念疏通自己的心神。

以德報怨的魔力，並不是為了原諒別人，
而是為了寬恕自己心中沉積已久的怒氣。

讓利，最後獲益人還是自己

人人心中皆有一塊福田，這塊福田的肥沃與否往往取決一個人是不是懂得分享。有些人常會覺得：我條件也不差，努力也不比別人少，為什麼好運總是落在別人家？或許印度的心靈導師奧修的這一席話可以讓你找到解答：「如果你快樂，你就有東西能夠分享、付出。而且當你付出時，你也會獲得；不是先獲得然後才願意付出。」

如果你願意在某些地方適度的退讓、分享，最後受益的還是你自己，而且有時無形的寶物，或許還會比用世俗衡量的功利，對你的一生助益更廣、更深。那麼，何苦執著於一時眼前的利害得失呢？

看開，機會之門也隨之打開

大多時候，我們會為某些事情所困擾，並非真的因為這些問題巨大到難以解決，而是自己看不開。因為眼界短淺，所以生命中小小的波瀾看起來也像滔天巨浪一般令人驚恐。

只要你克服心中的恐懼，勇敢地向前踏出一步，你會發現事情根本就不如想像中的危害嚴重，現在發生的事情，對你的危害與困擾只限於此時此刻，只要你願意向前走，很多情況都會隨著時間之流移轉變化，眼前的危機可能是未來成功的關鍵，就看你願不願意拋開負面情緒的干擾，接受挑戰！

以德報怨，並不是讓我們無視於心中的痛苦，強迫自己正面思考，因為這樣刻意壓抑的想法也對身心無益。而是用更寬廣的格局、更長遠的時間之尺去衡量眼前的處境，如果有一天你因為現在的跌倒而變得更茁壯，這份未來的禮物你也當之無愧，因為你的以德報怨早已灌溉了自己與他人的福田！

正面思考，並不是讓我們無視於心中的痛苦，
而是用更寬廣的格局、更長遠的時間之流去衡量眼前的處境。

被哪種星座的人報復最可怕？

No.1

天蠍座（10月24日～11月22日）

相信沒被蠍子螫過的人也知道蠍毒有多可怕，它不只可以癱瘓你的生理機能，還足以讓你心智錯亂，所以得罪了敢以蠍子命名的天蠍座，他就擁有讓你求生不能、求死不得的本領，讓你永無翻身之日，再也無法招惹他。

為什麼天蠍座的報復心是眾所皆知又聞風喪膽的呢？其實這都是因為他們由愛轉恨的速度、深度讓人難以預測。不過，這也並非難以理解，試想一下，如果你全心全意地付出了真心真意，換來的卻是離棄和背叛，相信不只是天蠍座，換做任何人都會很火大。相對地，如果你不斷地激怒他，但他都沒反應，你就知道他根本就不把你放在心上，就別浪費時間挑釁了！

No.2

處女座（8月23日～9月22日）

處女座是一個非常敏感的星座，他自己有一套與人相處的原則，如果你不慎踩到他的地雷（說實在話，他的地雷還蠻多的），深具教養的他們不會馬上和你翻臉，卻會在心中記上一筆：「這個人和我合不來」，一旦被他們貼上分類好的標籤，就很難改變這根深蒂固的壞印象了。

不過，為什麼平常看似溫柔貼心的處女座居然可以獲得第二名的后冠呢？因為你若在他心中種下一根刺，這根刺不僅難以消失，而且還會被拿出來有意無意地刺你。因為處女座心思細膩又巧妙，並且學習能力非常高超，他們會一邊努力讓自己的力量遠遠凌駕在你之上，一邊為你編織巨大的陷阱，接下來就看著你不自覺地按照他的計劃一步一步掉進去，結果就是你得到懲罰，而他們會站在高處看你的笑話，讓你覺得自己冏到極點。

No.3 **獅子座**（7月23日～8月22日）

獅子座你看他好像很大器，但他最痛恨別人深及他的自尊、或不給他面子，雖然他表面沒什麼反應，但他一定會抓到一個適當的時機在眾人觀瞻之下對你發飆，畢竟老虎不發威，你別以為他像小貓咪一樣好欺負。

獅子畢竟是帶些獸性的星座，所以一旦惹惱他，免不了要承受河東獅吼的情緒發作，若你識相點，馬上負荊請罪再加上讚美言詞，或許他們還會得意忘形；但如果你讓他在眾人面前蒙羞，那麼對不起，他不只會讓你顏面掃地，還會轟得你體無完膚，建議你還是和獅群保持適當距離，以策安全才是上上之計。

我們可能藉由感覺別人錯待了自己，而感到自己正確，
同時怪罪我們傷害的人。
但是，除非我們收拾好自己造成的損害，
否則我們不可能自我感覺良好。

—《*How Can I Forgive You?*》

Chapter 3

放寬心，人生格局才會越走越寬

生氣，就是跳進別人替你挖好的洞

人的一生中，最主要的目標就是實現自己的價值，而不是為了求得其它人的認同。畢竟，每個人都來自於不同的生長環境、經歷，對於事物的體認、判斷當然不盡相同。即使是同一件事情，在一百個人之中，就可能就存在著一百二十種想法，如果每個人的評論你都要收進心底，無疑是和自己、天下人都過不去。

如果進而與人爭辯、撕破臉，很有可能因為一時的情緒誤判情勢，掉進別人無心或有心預設的陷阱，還讓自己顯露出小家子氣般的幼稚無知，相信這是任何人都不樂見的局面。要避免跳進這個火坑，其實只需要扭轉自己幾個思考點。

當我們面對意見相左的時刻，有時候會這樣想：「為什麼你都不聽我說？你不了解我的出發點、我的感受，根本就沒有資格評論我！」

當你心生類似的憤怒時，其實沒注意到是自己把自己放進這個兩難的境地，並非對方逼你走進這條死巷。

如果你真的覺得這個人並不了解你，何須在意這個在你心中「無足輕重」的人的任何言論？我們不可能會在意路人甲的觀感，只會將珍視的人的話放在心上。所以，你應該先冷靜地思考一下，這是否是你的防衛心激起的憤怒？

先分辨此人與自己的親疏遠近，如果他確實只是一個生命中的過客，就讓這些隻字片語隨著他的離去隨風而逝，根本不必放在心上（所以，你完全可以不用在意那些愛碎嘴的三姑六婆對你的一絲批評，因為這輩子你都不可能會與這些人交心，又何必耗費心神在意）。

如果他是你所重視的人，就不可能完全不知悉你的過去、不了解你的心思，或者正因為如此，他害怕你因此受傷才提出勸戒，試想，誰願意和自己喜歡的人彼此對立呢？或者他的確無法完全了解情況，但他的話絕對無意傷你，只是為了要保護你，既然如此，就把這份好意放在心中提醒自己，無須讓這份珍重因憤怒而燒壞了關係。

如果你真的覺得這個人不了解你，
何須在意這個在你心中「無足輕重」的人的言論？

在人生的道路上，我們需要的是知己好友，而不是無事生非的小人。因此，摒棄計較的心態，在發脾氣前多思考三秒鐘，忍下這口氣，你會發現你的人緣就在這潛移默化的轉念中帶來無邊的效益。

無足輕重的廢言，過耳即忘

在近期美國大選陷入白熱化的時刻，美國房地產大亨川普表示，歐巴馬與第一夫人蜜雪兒總是在媒體前展示恩愛的一面，不過川普聲稱他找到的文件，足以顯示歐巴馬夫婦在長達二十年的婚姻中，一度認真考慮離婚。

川普以反歐巴馬聞名，不過他對於歐巴馬的指控卻是錯誤百出。其中最著名的謬誤就是愛拿歐巴馬的出生地大作文章。川普曾指控歐巴馬的出生地是肯亞，而非夏威夷。依據美國法律，非美國本土出生者不能選總統，因此沒有資格擔任美國總統，川普還聲稱曾派遣人員至夏威夷明查暗訪，但最終仍無法證明他的懷疑。

面對川普歷年來的不斷挑釁，美國總統歐巴馬在參加美國國家廣播公司「傑雷諾今夜脫口秀」節目錄影時，玩笑地回應：「這都要追溯到那些年，我們在肯亞一起長大的日子。我們在足球場上一直吵架，他踢得不好，所以覺得不爽。我們最後搬來美國，還以為一切恩怨都已雲淡風輕。」他後來坦言其實自己從沒見過川普。

對於這種冷飯熱炒、不值得一提的攻擊，歐巴馬用他的幽默讓緊張萬分的總統選情得到適當的紓解，不僅因此成功地扳回一成，更展示了他寬厚的修養。

身為政界人士，難免因政黨立場不同而讓衝突在所難免，大多數的人都會選擇還以抹黑的攻擊，但是這種計較的意識，最終只會讓自己和對方淪為同流合汙，於他人、於己都不利，不如跳脫口水戰，回歸人民最關心的正題。或像歐巴馬般，適時地開自己和對方一個無傷大雅的玩笑。想要成為窮追猛打的小心眼，還是不計前嫌的大和解，就看你轉念之間如何取捨。

別人是否能激怒你，由你說了算

如果你覺得別人蓄意羞辱了自己，沒有關係，只要我們看重自己就行了。對於

在人生的路上，我們需要的是知己好友，
而不是惹事生非的小人。

那些毫無根據的話，你不需要生氣，也不需要計較，只需要淡然面對，這樣不僅能讓對方自行離去，也能體現你超凡的人格魅力。當你因為他人的羞辱而暴跳如雷時，可以試著轉換一下想法：

最了解你的人就是自己

一個人如果總是患得患失，過於注意別人的態度與評語，並將自己的得失建立在別人的言行上，那要怎麼活得開心呢？何必在乎一個自己也不喜歡的人的想法呢？

當一個人對他人作出評價時，難免會摻雜一些主觀的偏見與個人的情緒，在你感到生氣或哀傷之前，不妨先想一下，他說的真的對嗎？你真的有對方說的那個缺點嗎？你的能力真的有對方口中的那麼差嗎？這樣一想，或許你就能選擇一笑置之了。

不要輕易中了激將法

有些人喜歡惡意攻擊他人，他們的心態往往十分容易理解，也就是想要激怒對方，讓對方在喪失理智之後做出一些魯莽的言行，自己就能在旁幸災樂禍了。要是我們與他計較，非想跟對方爭個你死我活，那正是踩進了他們設下的陷阱，所以，不要上當，唯有不理會、不計較才是最好的對策。

多一事不如少一事，面對惡意的羞辱，如果我們能回以淡然的微笑，不僅能化解許多不必要的干戈，除此之外，還能顯示出自己寬大的胸襟，觸動對方人性中最基本的羞恥之心。是要讓自己多一個敵人，還是多一個朋友，相信你心中已有最好的選擇。

對於那些毫無根據的批評，你不需要耿耿於懷，只需要淡然面對。

強者不一定能勝利，勝利只屬於忠於自我的人

忠於自我，換言之就是對自己有信心。從心理學角度來說，是否能忠於自我，這對一個人的成功與失敗有著決定性的影響，因此，要想獲得成功，就應該相信自我，不要過度在意他人的嘲笑與批評，亦不必計較，才能更加心無旁騖地做好自己想做的事。

無論遭遇什麼打擊，我們都不要懷疑自己的能力，更不要與過去的失敗計較。只要我們放下計較的情緒與時間，就一定能將事情做得更好。

只有你能給自己人生的保證

我大學時聽過一位老教授的演講，他曾說起自己兒時的故事：

在我小學的時候，老師送了我一本世界地圖。我坐在樹下打開地圖，看到一角

畫著埃及，才知道原來埃及有金字塔、尼羅河、法老王等各種神祕的東西，我心想：等我長大以後一定要去埃及。

當我正看得入神，我父親走了過來，他大聲罵道：「你在幹什麼？」

我說：「我在看埃及地圖。」

他聽了大罵：「看什麼埃及地圖！我跟你保證！你這輩子絕對不可能到那麼遙遠的地方！快下田幫忙！」

我呆住了，心想：爸爸怎麼如此看輕我？難道我這輩子真的不可能去埃及嗎？

二十年後，我終於首次踏出國門，我的目的地正是埃及。

當我坐在金字塔的最前面，我寫了張明信片給爸爸：「親愛的爸爸，我現在在埃及的金字塔前面寫信給你。謝謝你的激勵，沒有你當初那一番話，我無法了解我有多熱愛自己的夢想，更不可能進而奮發向上，在一番努力之下，我終於抵達夢想中的土地。」

無論別人給你的建議有多中聽、批評有多難聽，

他都無法對你未來的人生負責。

即使父親嘲笑自己的夢想，小男孩也沒有氣餒，也不計較，他只是更加努力地實現自我。因為他知道沒有人可以嘲笑我們的夢想，除非我們也認為那不過是一場空想。

不要把命運交給別人來決定

事在人為，你的夢想能否發光或注定失敗，絕對不會因為一個人的言論而改變結局。也許你認為自己能力不足，財力不夠雄厚，而缺少做夢的勇氣；也許你因為別人的一句嘲笑或否定，而輕易地打退堂鼓，殊不知，成功的鑰匙其實一直握在你的手中，有資格決定你的未來的，既不是老天，也不是你的父母、師長、朋友，而是你自己。

沒有人能否決你的夢想

在某次的作文課上，老師在黑板上寫下斗大的題目「我的夢想」。有個小朋友飛快地寫下了自己的夢想，他希望自己能擁有一座占地十餘公頃的莊園，莊園裡有小木屋、烤肉區，還有休閒旅館。然而，當他交稿後，卻被老師劃上了一個大大的叉，並要求他重寫。

小朋友不解地去問老師，老師說：「我要你們寫下自己的夢想，而不是夢話一般的空想，我要實際的夢想，而不是虛無的幻想，你知道嗎？」

小朋友據理力爭：「可是，老師，這真的是我的夢想啊！」

老師搖搖頭：「如果你不重寫，我就不讓你及格了，你想清楚。」小朋友仍堅定地搖搖頭，不願意重寫，結果，那篇作文他只得到了一個「E」。

三十年之後，老師帶著另一群小學生來到了一座很大的莊園，享受著綠油油的草地、舒適的住宿，以及香味四溢的烤肉。就在這裡，老師遇見了莊園的主人，原來竟是那位作文不及格的學生，如今，他實現了自己兒時的夢想。

這名老師終於慚愧地說：「三十年來，我不知道用成績改掉了多少學生的夢想，而你是唯一相信自己，堅定信念，並一步步實現的孩子。」

為了讓未來的自己不徒留遺憾，
千萬不要讓任何人左右了你的決定。

無論別人給你的建議有多麼中聽，或是對方口口聲聲說是為了你好，他都無法對你未來的人生負責。所以，為了讓未來的自己不徒留遺憾，千萬不要讓任何人左右了你的決定，更無須為任何人的奚落而改變自己人生的志向。

人生是一場無關勝負的決鬥

會影響我們一生走向的，除了別人的建議外，還有我們自己的「好勝心」。

有時候，我們會因為過度在意一時的輸贏而誤判形勢，走上了根本非心之所願的道路，但當你意會到這一個事實時，通常已耗費了寶貴的時光，重新規劃、調整人生的方向也並非如此輕易。

就像是現在許多大學生都認為考研究所已是時勢所趨，沒和同學一起準備研究所考試就怕寂寞，或是認為只要順利成為碩士，就能比一般大學生更容易找到工作、起薪會更高，其實這只是對自己沒自信、以及對於學歷的迷思。

事實上，就算你拿到國際名校經濟、語言雙主修的碩士學位，也未必能成為你人生的保障，甚至，還有可能因為這樣的認知誤解而一直找不到工作，擁有高學歷的光圈，卻成為名副其實的啃老族。

受不受到他人的認可並不重要，
重要的是，你知不知道自己是為何而做？

許多沒有頂著學歷光環的人，也都實實在在地耕耘出屬於自己的一片天。例如：名廚阿基師、台灣的搖滾天團五月天……等等。受不受到他人的認可並不重要重要的是，你知不知道自己是為何而做？

所以，在人生的每個階段，我們都應該思考這些規劃是否真如你所願，若你不是心甘情願地想去做，而只是因為想追上世俗標準的門檻，就算你贏得了一時的功成名就、眾人掌聲，也未必能得到真心快樂、美滿的人生。

因此，強者不一定能成功，成功只屬於那些始終忠於自我、築夢踏實的人，因為他們的每一步都因對夢想的信任而閃閃發光，這才是最耀眼奪目、永恆不滅的成就。

蹲得越低，是為了跳得越高

每個人的一生中，都會有適逢低潮的時刻，但面對逆境時截然不同的態度，卻決定了未來的人生是否有逆轉勝關鍵的機遇。

像是近年來引發全球「林來瘋」熱潮的林書豪。在加入NBA後，因上場次數不多，單季積分不佳，所以林書豪有四次被下放小聯盟的經驗（這對職業球員是一大考驗，因為如果到小聯盟仍未恢復最佳狀態，就會被踢出球隊，未來重回職業球隊的機會可說是微乎其微）。他坦言那段時間自己常躲在被窩裡哭，甚至還曾經因為選秀沒被選上，狂啃四十支辣雞翅出氣。甚至，在多數是白人的球隊中，也因亞裔的身分被球迷、球員取許多不堪入耳的綽號。

但他從未放棄，抱持著「不為別人打球，只為神打球」的信念，每天持之以恆的練球與成長，終於突破困境，在二〇一二年重新站上球壇的高峰。NBA名人堂球星魔術強森曾表示：「林書豪在尼克隊主場麥迪遜花園廣場比賽中帶起的高潮，是我許久不曾看到的。」

小不忍則亂大謀，忍耐是一種策略、一種智慧。因為世事總是瞬息萬變，學會在忍耐中等待命運的轉折，一旦有利的時機來臨，那你就有望從谷底一夕翻身，抓取最後的勝利。

忍耐只是暫時的醞釀，為了之後的爆發蓄積能量，這股能量能夠驅使人奮進，在佈滿荊棘的道路上，在變化莫測的航道中，讓你的信念閃閃發光。

忍耐到最後的人，才是勝利者

小王大學畢業後，為了鍛鍊自己的能力、累積社會經驗，一直從事業務方面的工作。後來，他為了更好的發展，跳槽到一家大型公司的業務部，他的職務是協助新來的業務經理盡快上手。

在業務經理到職的這一個多月中，小王發現他的業務能力很差，幾乎都是依靠

面對現實生活，總有苦不堪言的時刻
你是否能沉潛努力，等待機運？

手下的業務員取得業績，而且心胸狹隘，也不懂得尊重人，總是帶著命令的口吻與下屬講話。如果公事上不小心出了差錯，也不會顧及你的顏面，當眾就把你教訓一頓。因此，許多業務員實在受不了，紛紛辭職另謀高就。

面對這樣的經理，小王心裡很不滿。但是，他並沒有藉機發作，而始終笑臉以對，因為他心裡很清楚，擺在他面前的只有兩個選擇，要不就是和這個人大吵一架，然後走人；要不就是忍辱負重，等待時機。聰明的他選擇了後面的選項。

半年以後，公司高層也發現了業務經理的問題，經過調查，評估這個人不適合做業務經理，就找了個理由把他辭退了。而小王因為一直表現不錯，被公司任命為業務經理。這下子，小王過去累積的經驗也得到了發揮的舞台，為公司創造了很大的經濟效益，並贏得了主管的器重與下屬的敬重。幾年後，他被提拔為副總經理，過著理想中的生活。

每當回顧過去，小王總是感慨地說：「如果我當時意氣用事，不願意忍耐、等待時機，就不可能有今日的成就。」一面對現實生活，總有苦不堪言的時刻，你是每天在埋怨中度過，還是像小王一樣，沉潛努力，然後等待機運？

別讓情緒嚇跑了好機會

當你面臨了突如其來的壞消息或是負面批評，想要大肆發作的時候，不妨先稍安勿躁，利用以下觀念穩定你的情緒：

退一步，你才是贏家

忍耐絕非軟弱，反而只有心智強韌的人才做得到；忍耐也不是認輸，而是等待崛起的時機。

生命中總是充滿著各種意想不到的變化，也許眼下的困境令你著急，也許別人惡意的指責令你惱怒，但何不忍耐一下呢？只要深信自己是正確的，時間總會將真理顯示在世人面前，你的努力不會因一時的沙塵而被埋沒，如能堅持下去，也能成為荒漠中的生命奇蹟。

當你處於命運的谷底時刻，
跌停反升的局勢也即將到來。

靜下心來，接受已經發生的事

忍耐並不是消極地對困境睜一隻眼、閉一隻眼，而是打從心底接受既定的事實。就如同玩股票，當你手中的某支股票跌了一點，你可能會捶胸頓足一陣，接著你會思考，應該把這個責任歸咎給誰，是向你介紹這支股票的朋友？還是對它大力推薦的股市名師？最後，你可能會急著設下停損點，把股票賣掉。但是你又怎麼知道這支股票之後是會繼續跌，還是重新爬升？

這時候，不妨將你的大腦放空，拋開你的負面情緒，或是對情勢先入為主的判斷，暫時觀望一會兒。也許，下一秒鐘，事情就會出現轉機，或是有了解決的辦法，搞不好股票這一次的下跌正是為接下來的暴漲累積能量呢！

所以，人生不到最後關頭，千萬別輕言放棄，更無須計較付出與收穫的等價關係，當你處於命運的谷底時刻，跌停反升的局勢即將到來，你要轉頭就走，還是等著見證奇蹟？

長得漂亮，不如活得精采

人類對於外貌的追求是永無止境的，這造成了今日林立的整形診所，這都是出於人們對於外在的過份要求。其實，何止是女人？男人們也會自卑地想：如果自己能擁有偶像明星般的長相該有多好啊！

為什麼人們要辛苦地跟自己的外表計較呢？人對美的追求是永無休止的，或許天生的樣貌不是我們能選擇的，但你卻可以選擇只讓自己「長得漂亮」，還是想要「活得精采」？

樂觀的心靈，勝過亮麗的空殼

二〇〇六年，中國演員黃渤靠著電影《瘋狂的石頭》大獲好評後，在短短兩年

真正有能量的種子，不管是落在旱田或豐土，都能展現出生命的力量。

的時間內，就晉升為新生代的「喜劇天王」。三年後，他更是憑藉在電影《鬥牛》中精湛的演技，一舉奪下了金馬獎影帝。

事實上，黃渤的長相平凡無奇，並不像演藝人員大多具有亮眼的外表，一眼就能讓人記住。十三年前，他還只是個在酒吧駐唱的無名藝人，還曾當過知名動畫的配音員，最慘澹的時候，他曾經窮到全身上下只剩十塊錢，後來也曾在廣州、北京等城市做起小本生意，開過工廠。

黃渤雖然知道自己貌不驚人，卻從未放棄過想當一名演員的夢想，即使後來當上工廠老闆，過著衣食無虞的生活，後來還是因為朋友的一句話，又放掉手邊的生意，重新投入駐唱的生涯。但憑著對生命的樂觀，他還是過著自得其樂的生活。

在一個偶然的機會下，有人推薦黃渤去演一個農民，之後他陸續得到幾次演出的機會，但都是扮演一些草根性強的小人物。直到拍了《瘋狂的石頭》，他的個人特質將劇中的笨賊演得活靈活現，也讓他真正地嘗到了成名的滋味。

當黃渤奪得第四十六屆金馬獎最佳男主角時，他在頒獎典禮上致詞時，說道：「《證人》我看了，我覺得驚歎，沒想到張家輝可以演得這麼好。因為我看過他演過好多的電影，我知道他一直很努力，像我一樣（全場爆笑）。是真的嗎？這就是傳說中的影帝耶！記得我剛考上北京電影學院的時候，有的同學就說『黃渤也考上電影學院了？現在的招收標準太鬆了吧（全場爆笑）？』後來，跟我們一幫帥哥美女同學去試鏡，導演跟帥哥美女聊了很久，然後過來很禮貌地跟我說：『欸，請問你是他們的經紀人吧（全場爆笑）？』後來還有一位長輩知道我要演戲了，又跟我說：『女怕嫁錯郎，男怕選錯行（全場爆笑）』看樣子我選對了（全場鼓掌）。

即使黃渤沒有出色的外表優勢，但他在演藝之路上卻一點一滴地紮根，最後建立了屬於自我風格的一套演法，憑藉著實力走出自己的一條路。所以，外表真的有這麼重要嗎？真正有實力的人、有能量的種子，不管是落在旱田和豐土，都能綻放出生命的光彩，就像黃渤一樣。

與其花時間精力在意自己的外貌，
不如善用老天給你的條件，讓生活過得更美好。

改變不了的事，學著接受吧！

有的人總愛抱怨上天沒給自己一副姣好的容顏，把這些當成自己自暴自棄的合理藉口，然後心甘情願地將自己囚禁在自哀自憐的牢獄中。相反地，許多殘疾人士卻總是以讚美譜寫出一頁頁動人的生命之歌。

如果你還在為自己的外在不夠完美而耿耿於懷，試著換換以下的方式思考：

把煩惱的時間花在其他地方

與其花費時間和精力抱怨自己為什麼長得不好看，還不如多考慮，該如何用老天給你的條件，讓生活過得更加美好。

就算你擁有一副令人稱羨的樣貌，也無法保證數十年後，它依然能夠跟現在一樣完美。

因為，人的外表不僅會隨著年紀改變，還可能因為意外而遭受損傷；相反地，深植在心中的美卻是永恆的，隨著時間的經過，它不僅不會消逝，還會歷久彌新，進一步昇華。

既然如此，與其耗費心力追求遲早會凋零的外表，不如將知性的花朵種植於心田中，讓自己的心靈變得更美，讓人生生意盎然。

長得不漂亮，也能活出自我

一個人的快樂取決於看事情的角度，只要你能放下偏執，就會發現人生中可以追求的東西還有很多，或許你很快會發現，自己能在工作或是揮灑才藝的當下，感受到自信與成就，這無可取代的價值絕對遠勝於一個出眾的外表。當你挖掘到那份專屬你的快樂泉源，這取之不竭、用之不盡的財富，誰也搶不走！

人的外貌會隨著時間而改變，
深植在心中的美卻是永恆的。

怨天尤人無濟於事，只要做好你能做的

人的一生中有起有落，不論自己正處在哪一個高度，都不要過份地愛計較，否則你很難享受到輕鬆愉快的感覺。

例如：當你達成目標時，如果不懂得享受當下的成就感，反而擔心起外界會提高檢視的標準，或害怕這只是曇花一現的勝利，恐懼只會讓你變得貪婪、忘了當初追求的意義；當你跌落谷底時，如果不懂得放寬心，只會哀嘆境遇不如人，那麼短期的未來也會受此詛咒，一直在有志難伸的惡性輪迴中渡過。

順境或逆境有時候的確不是我們能選擇的，但只要你永遠抱持著樂觀以對的平常心，做好自己能力所及的本分，就算眼前的狂風暴雨，也阻礙不了你抵達彼岸的決心。

計較已失去的，不如珍惜還擁有的

大部分人都希望擁有，不喜歡失去。佛家云：「有捨才有得。」其實擁有不一定值得高興，失去也不一定可悲。有時失去反而是一種幸福，擁有卻成了負擔，放開雙手，人生路將更加寬廣。

日本生活創庫株式會社社長堀之內九一郎是一位奇特的經營高手，他因少不更事曾從人生的雲端跌落至最深的溪谷，最後又從流浪漢變成年收入高達一〇二億金額的成功企業家。其年少的荒唐，及後來對人生的韌性，值得我們省思借鏡。

堀之內九一郎一九七四年生於鹿兒島縣鹿屋市的富裕家庭，在經營製油業的父母保護傘下長大的他，從小就在家族事業的耳濡目染之下吸收不少做生意的要領。

高中畢業後，他到位於大阪的家族企業工作，並於父親逝世後正式繼承家業。但好景不常，在母親離世之後，他開始自暴自棄、遊戲人間，轉瞬間就將龐大的遺產揮霍殆盡，更背了將近一億的負債，龐大的債務，讓他即使陸續做過四十多種工

擁有不一定值得高興，
失去也不一定很可悲。

作，仍無力還清。

在九一郎三十五歲時，因為一無所有，陷入現實的煉獄，為了避開熟識的親友，他決定遠離家鄉，並在前往東京的途中，過著餐風露宿的流浪漢生活，但也因其他流浪漢的一句諷刺而扭轉自己的人生。

一九八八年，他用僅僅只有十五坪大小的倉庫開始經營生活創庫株式會社。

看破了人生的得失、起伏，堀之內九一郎感慨寫道：「向人低聲下氣，有時甚至被人罵到臭頭，這種屈辱不用想，我就經歷過好幾次，不過最後我還是活過來啦！而且我還能重新創業，達到自己的目標。

正因為我曾經受過無數次的侮辱，所以就算我落魄到身無分文，我還是告訴自己：『反正最差也就這樣了，從頭再來吧！』於是，這樣的想法讓我漸漸地儲備了抵抗力。當你能夠把別人的鄙視眼神當成「預防接種」疫苗的時候，就會發現，鄙視的行為其實一點也不可怕，反而可以化成保護自己的力量。

所以，每當我又遇到難過不堪的情況時，我就會告訴自己：『現在只是在蓄積我的抵抗力而已，別怕。』同樣地，當你因為別人的誹謗中傷而氣到全身發抖的時候，你要告訴自己：『這股力量將轉化為自己成長的力量，有一天我會成功的。』

所以，我把所有的屈辱都當作一種「毒」，把這些毒素植入身體內，蓄積自己成功的能量。因此，我敢在這裡大聲地跟各位說：「慘痛的經驗就算用買的也值得」。這句話我可是親身體驗過的。

每個人的人生都有不同的戲碼，但堀之內九一郎戲劇性的人生卻並非人人皆能走過，不論幸與不幸，只要還能留著一口氣「生存」下去，我們就該好好珍惜。

放下得失心，用自己的步調面對人生

從昔日的錦衣玉食，淪落到如今的拮据不堪，這其間的心理落差可想而知，對於一個普通的人來說，恐怕難以忍受。但堀之內九一郎卻忍下來了，並從這些遭遇領悟出許多人生的道理：人生雖有大起大落，大悲大喜，但只要凡事以榮辱不驚的態度應對，就算你已一無所有，也能品味到生活最甘甜的滋味。

「反正最差就這樣了，從頭再來吧！」
用這樣的想法讓你慢慢儲備抵抗力。

如何掙脫境遇的限制、回歸自我的核心，你可以試試以下轉念：

面對現實，放下奢望

人生中大多時候，我們的壓力與不快樂是因為自己擁有的太少，奢望的太多，然而，這些奢望都是有意義的嗎？它是你能夠靠著一番努力而達成的，還是無論你怎麼拚命都難以觸碰的理想？

若是前者，請停止抱怨，以實際的行動去證明吧！但若是後者，也不要氣餒，你不妨把自己能做到的都先做完，把剩下的交給老天，無論結局是喜是悲，都不要讓它影響了你的前進。

訂定階段性的短程目標，勇往直前

所謂的目標，並非要達成多麼遠大的理想，而是「完成你自己」。有許多人終其一生都是為了「別人」的目標在奮鬥，卻連自己想要什麼樣的快樂、做什麼樣的夢都說不出，這是非常可惜的事，因為每個人都只有「一生」的光陰，當你決定為別人而活，那麼就是把自己的價值與時光、奉獻給別人。

如果你的人生目標，就像台灣老一輩的父母總是把自己奉獻給家庭，希望孩子能成為一個「有用的人」，那麼當你做到了，也應該給自己一些掌聲、一些回饋，因為養育孩子這種偉大的情操並不亞於創立一個擔負著數百人生計的企業，只要你完成了所想，此生的夢想也落實了。

所以，去訂定你想做的、能做的目標，如果你的夢想還很遙遠，至少要先從跨出第一步開始，再逐步訂立各階段的短期目標，才不會一直遙望夢想、失去動力。

現在就去做好你份內、手邊能做的事，其他的就交給命運吧！如果你的付出是正向的、益於自己與他人的，信念力與執行力會呼喚宇宙帶你到想抵達的地方。

先把自己能做到的都做好，其他的就交給老天爺吧！信念力與執行力會呼喚宇宙帶你到想去的地方。

天下本無事，庸人自擾之

我曾讀過一個寓意無窮的小故事：山坡上有棵大樹，歲月不曾使它枯萎，閃電不曾將它擊倒，狂風暴雨不曾讓它動搖，然而，大樹最後卻因為一群小蟲的蛀蝕而腐朽。就像在生活中，人們不常被大石頭絆倒，卻常因小石頭而摔跤。

身邊類似的案例也不勝枚舉，許多人往往能勇敢無畏地面對生活中的艱難險阻，卻常被一些小事搞得灰頭土臉、垂頭喪氣。

例如：工作表現優異的女性主管，回到家卻深受婆媳問題所苦，總是為了一點芝麻綠豆大的小事和婆婆生氣。

創立偌大產業的企業家，卻對每個月的電費支出錙銖必較，與別層的企業計較公設電費的分攤鬧得不可開交。

這些問題的孰輕孰重，其實全在我們的一念之間。是要繼續執著還是看開，決定了每個人的生活品質與生命走向。其實，每個人一天要遭遇的瑣碎小事可以說是不勝枚舉，如果我們總是逐一計較，為了這些無關緊要的小事煩惱，心中將難有一刻平靜。

生命充滿了各類的必然與偶然，有時命運偏偏喜歡與人作對，你越是計較，它就越不讓你如願以償。這時，一個愛計較的人，他的大腦就會變成一團纏住的毛線，越理越亂，相反地，看得開的人因為明白知足常樂的道理，他們會順其自然，不會為小事煩心。

老天的安排一定有它的意義

我在瑞典旅行時，曾經觀察到一個奇妙的現象：在每年的七八月，北極地區的冰雪開始融化，氣溫也逐漸開始回升，出現了短暫的春天景象，十分美麗。但是，隨著氣溫的升高，大量的蚊蟲也開始出現，由於當地動物稀少，那些饑餓的蚊蟲就會飛到人們聚居的地方，吸食人血來維持自己的生命。

人們不常被大石頭絆倒，
卻常因小石頭而摔跤。

讓人感到奇怪的是，當地的居民卻對這些嗡嗡亂叫的蚊蟲十分仁慈，從來不輕易殺害它們。有些遊客受不了，拿出殺蟲劑噴灑，還會被當地居民所制止。這是為什麼呢？

原來，當地的馴鹿是居民過冬的主要肉質動物來源。可是，在天氣比較暖和的時候，大批的馴鹿會自發地成群結隊向低緯度地區遷移，因為那裡有大量的水草，如果沒有人驅趕它們，它們就不願意在嚴寒來臨的時候準時返回。但是，在北極地區，如果你想靠人力來驅趕，這根本是不可能的事情。

這時候，那些討人厭的蚊蟲就顯示了它們的威力，當天氣開始降溫，蚊蟲就會飛到低緯度地區逃命，它們在那裡與馴鹿不期而遇。那些吸食血液的蚊蟲是馴鹿無法抵禦的天敵，加上那邊的氣候不適宜生存，那些馴鹿在走投無路之下只能往回走。這趟返程，正好走進了人們事先設好的陷阱裡。

聰明的北歐人掌握了生態界相生相剋的道理，明白萬物的存在都有它的意義，蚊蟲的存在對他們並沒有實際的威脅，若是多管閒事加以撲殺，反而會破壞了自然界的規律，甚至把人類自己逼入絕境。

那麼，人生是不是也這樣呢？有很多既定的事實由來已久，與你井水不犯河水，但你卻硬要杞人憂天，試圖去改變它、除去它，最後反而庸人自擾，還害得自己筋疲力盡，這不是很傻嗎？

輕鬆看待，其實沒什麼大不了的

當我們在遇到不順心的時候，總是會冒出各種自怨自艾的心態，像是「我是世界上最可憐的人」、「雖然別人也遇過，但我的情況更糟」之類的想法，來為目前的困境找理由。真的是這樣嗎？地球上有這麼多的人，怎麼糟糕的事偏偏就找上了你呢？

事實上，正是這樣的心理將你推入谷底的。每個人一生中都必須處理許多課題，這些課題往往大同小異。你不妨想想，自己的問題真的有那麼嚴重嗎？那真的是危及你事業、名聲，甚至生命的至關大事，還是日常生活中總會遇到的小挑戰？

問題的孰輕孰重，其實全在我們的一念之間，我們的思想將決定了自己生活的品質。

或許要界定「必要」與「不必要」的煩惱是一件困難的事，因此，不論遇到什麼樣的麻煩，你可以試著這樣排解情緒：

再不愉快的事，都有過去的一天

我們不時為了眼前的事情發愁，可能是沒錢買喜歡的衣服，或工作、成績無法達到預期的目標，也可能是與親密的友人發生了一點小爭執。其實，這些都算是生活中無法避免的一些小波瀾罷了，絕對不是你耿耿於懷就能有所助益的煩惱。

無論你有多麼喜歡一件衣服，你對它的喜愛一定會隨著時間逐漸淡去，省下來的花費或許可以用來看五部你早就嚮往已久的DVD。

工作上遭遇了失意或挫折，或許只是疲勞拖垮了你的效率，在休息了一晚後，你又恢復了往日的水準，漸漸將落後的進度追回。

與好朋友發生了爭執，一陣子之後，也許兩個人都意識到了自己的不對，最後言歸於好。

像這樣的瑣事，假以時日，都會自行消失，但若你每天都要將這些「小事」放進心裡，你的心胸就會因廢物淤積而日漸沉重。試著每天丟掉一點點心靈的垃圾，你可以感受沮喪、落寞、不如意，但這些負面情緒要隨著時間慢慢排解、代謝，心健康了，人生才能活得多采多姿。

煩惱，是真有其事，還是胡思亂想？

曉蘭在外面忙了一整天又加班到很晚，原本希望回家後能和老公撒撒嬌，得到一些安慰與鼓氣的話語。沒想到一進門，就看到老公一個人悶坐在沙發上，發現她進門了連頭都沒抬，自顧自地看電視，她心裡頓時生起一股愧疚，心想，老公一定在氣自己這麼晚回家。

但她轉念又想：他憑什麼生我的氣？平時，幾乎都是他晚回家，我偶爾才一次。再說，我為什麼一定要工作？還不是因為想多賺一份薪水貼補家用，趁著還沒有孩子時多存一些錢，他有什麼好生氣的？

她開始將滿腹的委屈轉為憤怒的情緒，於是，她走進書房，故意把門重重摔上，顯示她的不滿。其實她一點都不曉得，老公只不過是因為在電視上看到支持的

有很多既定的事實由來已久，也和你井水不犯河水，何必硬要杞人憂天？

球隊輸球，心情不好而已呢！

我們不妨把它當成一個小笑話，然而，生活中許多時候又何嘗不是這樣？不論是在人際交友，還是面對工作，往往因為主觀的揣測而會錯意，最後無事生非，殊不知實際上，我們所謂的問題根本就沒那麼嚴重，甚至根本不存在，一切只是庸人自擾而已。

想想你自己平常是否也曾做過諸如此類「庸人自擾」之事，而把單純的情況反而搞得更難收拾呢？如果沒有，恭喜你，對凡事看得開的人才能活得開懷；如果有，那麼試著吸收以上心念的精華，相信你很快就會看見自己內在與外在的轉變！

酸中帶甜的人生，才不會甜得生膩

什麼是才是真正的幸福？或許，上天從來不會直接將幸福的存在告訴我們，而是要我們透過自身的感覺去發掘隱藏版的幸福。生命就是一項考驗，它夾雜著酸甜苦辣的滋味，而代表幸福的甜也正混雜其中，等著我們過濾，除去覆蓋在外面的雜質，才能品嘗出它真正的美味。

正因為生活五味雜陳，既有美好愉快的樂趣，也有困擾情緒的煩惱，如果我們總要深陷在陰暗的那一面，不願正面以對，認真克服，那我們也很難見到藏身在它們背後的甜蜜。

試著勇敢承受痛苦的片段，與不幸的遭遇抗爭，包容那些生活中的瑕疵，酸中帶甜的人生，才不會令人甜得生膩。

一個意志堅強的人，能夠努力適應環境，而不會祈禱環境適應他。

主宰命運，不要讓命運主宰你

林肯總統距今已逝世超過一世紀之久，但他在美國人民心中的印象卻是歷久不衰，永遠都占有一席之地。我們常聽聞林肯總統為了解放黑奴的英勇事蹟，卻不知道在成為總統之前，他的失敗事蹟更是無與倫比。

林肯自哈佛大學畢業後，就立刻嘗到了失業的痛苦，他曾被僱主辭退多達十一次，最後因父母對於反對奴隸制度的薰陶，讓他改變志向，開始涉足政壇。但很不幸的，他初次競選就遭遇了挫敗，這對他的信心打擊非常巨大。

之後，林肯又開始嘗試創業，可是經營不到一年，公司就倒閉了，在之後的十七年裡，林肯都在為償還企業欠下的債務而奔波勞累。過了不久，林肯又重新參加州議員的競選，這次的競選成功在林肯內心深處種下一線希望，他認為自己的生活有了轉機，心想：「或許這回幸運之神終於眷顧我了。」

然而，上帝給他的考驗仍未終結。過了一陣子，林肯與一位漂亮的小姐訂婚，但就在婚禮的前幾個月，他的未婚妻卻不幸去世，林肯心力交瘁下幾個月臥床不起，還患上了憂鬱症。

三年後，林肯覺得自己的身體狀況稍微康復了，他決定競選州議會議長，但是，在這次競選中他又失敗了。不過，林肯一直沒有放棄，他從來沒有想過「要是失敗會怎樣？」這種失志的念頭。

又過了幾年，林肯終於當選了國會議員，但在兩年的任期結束後，林肯面臨著又一次落選，儘管失敗的次數幾乎已經數不清了，林肯仍不願放棄自己的追求，終於在一八六〇年，成為美國第十六任的總統。

一個意志堅強的人能夠適應環境，而不是祈禱環境適應他。這種人懂得將逆境轉變為順境，在挫折中尋找轉機，相反地，有的人缺乏生活的歷練，一旦遭遇挫折或身陷逆境，就一下子敗給了自己。

如果你總是計較著命運之神為何總是對別人那麼慷慨，對你那麼殘酷，或許你應該把怪罪的對象轉向自己，為什麼當同樣的事情發生在別人身上時，人家就能義無反顧地越挫越勇，但你總是原地踏步呢？這樣問題到底出在誰身上呢？

為什麼當同樣的事情發生在別人身上，
人家就能越挫越勇，但你卻還在自怨自艾？

你想先苦後甘，還是先甘後苦？

人生因為存在著流淚的片刻，所以我們才會更珍惜歡笑的時刻，如果從小就過著豐衣足食生活的孩子，勢必體會不到在同一個時空下，地球另一端的非洲肯亞難民們若遭逢旱災，就必須連走十五天的路，才能到達市集換東西來吃的困頓。但當這些孩子喝到新鮮牛奶的那一刻，心中的滿足與喜悅或許也不是都市中長大的孩子一生中能感受到的百分之一。

人生悲喜交織的戲劇性，難以斷定這到底是好事，還是壞事，但唯有閱歷越豐富，生命的價值也會更顯深刻。當你遇到最倒楣的事情時，或許可以稍微參考以下設想：

吃苦，就是吃補

妮妮總是向父親抱怨自己的學校生活一團糟，似乎課業、交友各方面都深深困擾著她，眼看女兒就要錯過大好的青春生活。這天，在聽完妮妮聲淚俱下的訴苦後，父親沒有回應，只是把妮妮帶進廚房，他先燒開三鍋水，然後在一個鍋子裡放入紅蘿蔔，在第二個鍋裡放雞蛋，在最後一個鍋裡放咖啡豆。接著，父親又在三個鍋子裡各裝了一些水，然後加熱，大約二十分鐘之後，他把火關了，分別將胡蘿蔔、雞蛋、咖啡豆舀出來。

這時，他才轉過身問妮妮：「孩子，你看見什麼了？」

妮妮回答：「胡蘿蔔、雞蛋、咖啡。」父親要女兒把雞蛋打破，剝掉外面的蛋殼，最後，又叫她把咖啡喝了，妮妮笑著問道：「爸爸，這是什麼意思？」

父親解釋說：「這三樣東西面臨同樣的逆境——煮沸的開水，但它們的反應卻各不相同。紅蘿蔔在下鍋之前原是清脆的，但煮熟後，它卻變軟了，一碰就爛；雞蛋原來是最脆弱的，煮過之後卻變得有彈性；咖啡豆雖然小，但它們卻改變了水質。」

父親停頓了一下，問妮妮：「哪個是你呢？」

了解父親的用心良苦後，妮妮不再將校園生活的經驗看成災難，打開心胸後，

當逆境找上門來，你是否能像咖啡遇水般，
利用逆境醞釀出人生最濃郁的香氣？

才享受到專屬青少年的難得時光。

當逆境找上門來時，你會如何反應？你是紅蘿蔔，表面意氣風發，卻經不起一點挫折；還是雞蛋，雖然起初信心不足，卻能在嚴苛的逆境中激發真正的潛能；還是咖啡豆，不僅克服了逆境，還反過來利用逆境造就出濃醇的香氣？

酸甜苦辣的人生，或許艱辛，但唯有嘗遍了生命的滋味，才不虛度光陰，把握當下，痛快地盡情體驗吧！

心有多寬，人生之路就有多寬

有的人會堅持「好漢不吃眼前虧」，對他們來講，即使只是微不足道的蠅頭小利，也絕對不能容忍自己遭受任何一點損失。結果，雖然暫時保住了一些利益，但卻與更大的商機失之交臂。

法國文學家雨果說過：「天地本寬，而鄙者自隘。」你眼前的道路有多寬，你未來的發展空間有多大，全操之在己。你要是將自己生命的價值侷限在眼前的境遇之中，那就如同井底之蛙，無疑是在畫地自限。

不被獲利模式侷限，獲利方能無限

有一位新人建築師，剛畢業就與朋友合夥成立了一間事務所，但是，開張數月

你眼前的道路有多寬，
你未來的發展空間就有多大。

以來連一件案子也沒有。好不容易有客人上門了，但帶來的委託業務，居然是一個被承包商轉包五次的建築工程。

這名建築師對該項業務進行了評估後發現，如果自己接下了這個工程，至少得虧損三十萬元，這根本是一個吃力不討好的工作，所以才會落入自己的手中。

到底要接還是不接呢？他陷入了沉思，因為自己才剛開業，既沒有金援，也沒有任何人脈，在建築業這個錯綜複雜的生態圈中，他只能分到這樣的業務。最後，他無視可能帶來的虧損，決定接下了這個業務。

因為委託方也了解這項工程的成交價遠低於業界的門檻，所以到了驗收日之時，也沒對工程品質寄予期待，只求交差了事。沒想到，待檢測結果一出來後，所有工程人員都瞠目結舌，因為全部的評估結果都是優等。

雖然，這名建築師因此虧損了四十多萬，但這家公司對施工品質的堅持卻在業界為人稱道，經過這次的曝光，也讓公司的業務蒸蒸日上，這名新銳的建築師也因為接到更多知名的建案而名利雙收。

這名建築師以小博大，巧妙地做了一筆一本萬利的生意。

人生也是一樣，如果能把心放寬，不要計較一時的得失，或許機會就隱藏在看似失落的裂縫之中。

人生最關鍵的轉機，就在轉念之中

近日新聞報導，台灣目前的薪資水準退步到十四年前，物價的漲幅卻超過四年前，這也是台灣人的痛苦指數快要破錶的原因。

事實上，過去三年裡，台灣白領上班族的薪水並非呈現眾人印象中的「集體衰退」；出人意料的，年所得負成長的黑洞效應幾乎都集中在平日從事基層工作，大約兩百七十多萬的上班族身上。但肩負較多營運責任的「主管與經理人」，以及擁有專業能力的「專業人員」，在景氣風暴中不僅年所得毫無動搖，甚至還逆勢成長。

兩條分道揚鑣的反向薪資分配走勢，在兩千年以前的台灣從未發生過，薪資開

有時候，不是誰得到多、誰得到少的問題，而是你如何把有價的眼光化為無價的想法。

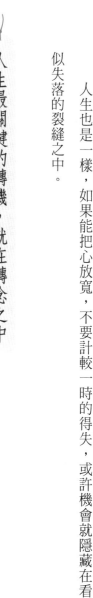

始出現兩極化的異象，值得我們深思。

因此，當我們在抱怨：「為什麼我工作時間比別人長，薪水卻遠遠不如他？」之時，或許也可以思考一下，自己是否具備像他人的專業技術、經管能力？

如果沒有，是不是能利用工作餘暇再進修，或是在工作崗位上，快速提升自己該領域的專業技能，這些積極的作為都會比你等待老闆調薪的消極心態有效得多。

所以，有時候的確不是誰得到多少的問題，而是你如何把有價的眼光轉為無價的想法，以下的方法不妨試試：

對必要的損失，Let it be！

人總是在計較自己一路上失去了多少，卻很少看到自己從中獲得了多少。

有時候，失去是為了獲得而必須經歷的過程，就像是每一則成功的投資，都必須先投入一筆資金一般。

你不妨就把那些不得不失去的東西當成本金吧！或是當成為了學習各種經驗的學費，還是前往下一站的門票。重點是，它是無法省略的一筆投資，你若是對現在的自己吝嗇，那麼機會降臨之時，自然也會錯過你家的門。

當你一無所有的時候，
也就是準備要重新擁有的時候。

敞開心房，有缺才有遞補的機會

若我們失戀了，傷心無濟於事，雖然難以割捨，但也未必就是無可取代的。人生有著無限的可能，當你一無所有的時候，也就是準備要重新擁有的時候。

你可能會找到一個更棒的愛人，也可能會找到一個比之前還差的愛人，但無論如何，當你尋尋覓覓到了最後，你一定會找到一個理想對象，這個人不一定是最美的、最高的，或是最溫柔的，但一定是最適合你的。到了這時，當你再想起之前失去的那個愛人，反而會懷疑起來，對方真的有你想像的那麼完美嗎？

拓寬你心中的窄門，放下失去、缺乏帶來的苦痛，只要你願意，大好的時光、機會還在等待著你，只要放寬心，人生處處是出路！

哪一種星座的人最築夢踏實？

No.1 白羊座（3月21日～4月19日）

講到圓夢的戰鬥力與速度，任何人都比不過敢衝敢做的白羊座，他認為路是人走出來的，凡事先做了再說，不管遇到什麼難題，他都會秉持著守護神「戰神」的特性勇往直前，他認為事在人為，要做就趕快做，最不欣賞那種瞻前顧後、拖泥帶水的行事風格。

當別人都還在評估得失的時候，單純又直線型思考的他早就出發了，如果說機會人人皆有，但他一定是那個掌握先機的人。即使因莽撞的個性也有摔跤的時候，正所謂失敗為成功之母，當別人還在擔心會不會失敗的時候，他早就從摔跤中的泥濘中爬起來，重新修正方向後，頭也不回地跑到終點線了。

No.2 處女座（8月23日～9月22日）

處女座常對工作抱持著一種研究透徹的精神，他們不介意從最卑微、基層的工作開始做起，因為這樣他們才能經由實做的過程中，抽絲剝繭每個流程的原理。多數人重視的是「夢想實現」的結果，但處女座卻重視「築夢的過程」。當他們一發揮出愛做到沒完沒了的服務精神，相信不論在實質或精神層面，一般人都很難跟上他的步伐。

不過，即使看似他達成了目標之後，你仍會覺得他很忙碌，因為他不只是想要達到「更上層樓」而已，他想要抵達的地方是「夢想的最高層」，相較一般人的成功根本滿足不了他對學習、進步的渴求。

No.3 摩羯座（12月22日～1月19日）

摩羯座因為年少經歷滄桑，所以也比較世故、老成，同年齡的小孩還在青春年華縱情享樂之際，摩羯座已經在擔心自己未來的生計，並開始立定目標，一步一腳印地築夢。

因為摩羯座受到主星土星的限制，所以總是比較容易遇到重重險阻，有時候，甚至不惜咬牙委屈自己，所幸他們天生具有極高的毅力、耐性，這份吃苦當吃補的意志力也能協助他們關關難過關關過，對他們而言，只要能坐上自己心目中那財富和權力的寶座，一切的努力都是值得的。

即使在非常時刻，他們會採取一些檯面下的非常手段，但這種不服輸的精神，老天爺也不得不將圓夢的機會拱手送他！

人的欲求具有極大的力量，必須導往正確的方向，否則，混亂將接踵而來。

—《*The Game of Life and How to Play It*》

The best gain is to Lose.

Chapter 4

看淡名利，別讓一時的貪婪拖垮一生

拿得起，就應該放得下

在現實生活中，我們「放不下」的事情實在太多了。

子女升學，沒考到理想的學校，家長就怕辛苦栽培的孩子疏於課業，考到第一名校，又擔心孩子難以維持名列前茅；若老公事業不順，太太又擔心自己當初是否看走了眼；老公升官，又擔心他有權有勢後反而會結交新歡。

坦白說，家家有本難念的經，每個人都有自己必須面對的問題、狀況，但毋須過度憂慮，否則這也放不下、那也放不下，心事不斷，愁腸百結，長此以往之下，勢必會從長期的心理疲勞變成一種無事不煩的心理障礙。

有專家曾分析，較聰明、善思考的人，患心理障礙的比例偏高。因為對自己的期望，讓他們喜歡爭強好勝，有的甚至愛「名」如命，視身家財產為人生的價值，結果把自己搞得心力交瘁，累出一身病，比那些淡泊明志的人活得更不快樂。

唐朝詩人李白曾寫道：「天生我材必有用，千金散盡還復來。」

星雲大師更說過：「外財固然好，內財更微妙。」

所謂的名利，不過都是實現人生價值之時的附加之物，千萬別因此顛倒了內心的排名，要常常提醒自己「莫忘初衷」，就算過程、結果不如己願，你也並非一無斬獲，人生的經歷與體悟，就是最豐富的資產，任誰也搶不走。

回到原點，莫忘初衷

我認識一位朋友，他在大學畢業後，放棄了父母靠關係為他找的鐵飯碗工作，隻身帶著單薄的行李南下打拚。剛開始的時候，因為他的要求太高，因此處處碰壁，找不到工作，生活費也所剩無幾，日子一度拮据。

後來，他降低了自己的要求，委身在一家傳產企業做一名普通的文書，每月微薄的薪水只能勉強養活自己。當時，好友常常在電話中為他惋惜：「這麼優秀的人才，卻甘願做一個文書，這簡直是大材小用。」他只是笑而不答。

所謂的名利，不過是實現人生目標時的附加物，千萬別因此顛倒內心的排名。

即使每天做的工作很簡單，他也能從中挖掘樂趣，加上他求知欲強，遇到什麼問題都會向前輩請教。時間一久，老闆欣賞他的踏實與認真，晉升他為秘書。之後又因優異的能力，不斷地升職，終於在公司中有了一席之地，這時候，他毅然放棄了高薪職位，拿出多年的積蓄開了一家小公司。

當時的同事都覺得他很不識抬舉，只有老闆默默地說：「這個人將大有作為。」

小公司在他努力的經營下逐漸成長，十多年後，果然成了遠近馳名的大老闆。每次回家探親時，親戚都忍不住稱讚他離鄉背井還能做出那麼好的成績，但他總是笑著說：「我只是小本經營，沒有你們想像的那麼優秀啦！」

然而，在後來的金融海嘯中，他的公司不幸被波及。當他第一時間了解到公司的營運危機後，就趕到了公司，把剩下的資金發給員工，也解散了公司。幸好因為經營有方，即使出現了這樣的災難，公司仍能免於舉借外債的窘境。

結束公司後，他帶著行囊回到了老家，和父母一起開了家小飯館，偶爾打打小牌，種點花草，養點小動物，日子過得簡單愜意，一點都感受不出他從一名企業大老闆又變回一般平民百姓的失意。

對他而言，名利是怎麼來、怎麼去，但對於能擁有這段歷程他很知足，想想很多人一輩子庸庸碌碌，都不可能經歷這段戲劇性的人生，而且既然他一開始就是囊空如洗的小職員，那麼當錢財散盡之後，也只不過是回到了最初的原點罷了，又有什麼好計較的呢？

聽到他的人生故事，我想，人生也不過如此，空手而來，有日必將空手而去，重點是這輩子你過得開不開心，凡事皆有定時，當你寫完了一齣精采的故事，結局就像後話一般，有人認為喜劇收場是皆大歡喜，有人卻認為悲劇結尾較感人深刻。只要甘於「放下」，哪有什麼事情過不去。

得失只是過程，不是結果

每個人剛來到這個世界上都是一無所有的，若之後的人生一帆風順，固然是你

人生不過空手而來，有日將空手而去，
重點是，這輩子你過得開不開心？

的幸運，但若是遭受失敗，也不必太過計較，畢竟，不論是成功還是失敗，都是後天得到的，只要想想自己出生時的一無所有，你又有什麼好害怕失去的呢？若是你太過看重成果而患得患失時，不妨使用以下心念轉換一下情緒：

人生無常，瀟灑來去

人們時常說：「既來之，則安之。」這是一種超脫的心境，一個人能做到榮辱不驚，樂天知命，才能擁有真正的自在。

一九九九年，台灣職棒明星陳金鋒與美國大聯盟洛杉磯道奇隊簽下合約，在眾人的吹捧與讚美聲中前往了美國，一開始，他在小聯盟的表現還算不錯，但他仍然十分努力，希望能早日被球團升上大聯盟，登上世界棒球的最高殿堂。

只是，儘管他在球場力求表現，卻始終得不到球隊高層的青睞，在美國浮沉了六年，只在大聯盟出場了七次，還屢次因運動傷害開刀、休養，就這樣，昔日的台灣之光漸漸淪落為飄泊異鄉的失意運動員。

當與道奇隊的合約即將到期時，陳金鋒靜下心來，對自己未來的運動員生涯深思，是留在美國，像過去幾年一樣當一名二流的大聯盟球員，還是返回台灣？要是返回台灣，他該如何面對那些對他寄與厚望的球迷？多年來的努力才讓自己好不容易在小聯盟站穩腳步，他捨得放棄嗎？

但他很快就想通了，自己當年能從眾多球員中被道奇隊挑中，獲得出國嘗試的機會，那已是上天賜予的幸運，萬一自己無緣享受這份幸運，那也只不過回到了原點，自己不僅什麼都沒有失去，還比別人多了一段旅外的經歷。

於是，他毅然回到中華職棒，與La New熊球隊簽下了合約，擁有大聯盟經歷的他，一直深受隊上球員信賴，也擄獲了廣大球迷的心，他在中華職棒始終占有一席之地，薪資更高居全台灣之冠。正因為他當時勇敢放下，反而開創了事業的第二春。

丟下不必要的人生包袱，輕鬆前行

隨著時光的成長，我們不斷向各個階段的自我告別，又在新的階段中重新立足腳跟，即使學生時代成績輝煌，終有一日要進入社會、接受現實的試煉；就算年輕

一個人能放下的東西越多，
他就越富有。

時功成名就、意氣風發，到了退休年齡，依然要放手引退，安享晚福。

不停的更迭，是生命的定律，既然沒有人躲得過，就只能在每個階段的生命好好享受當下、盡情揮灑，時間一到，就可以心滿意足地瀟灑轉身，後面還有更多未知的人生體驗在等著你，何必侷限於現有的位階、成就。

美國作家梭羅說：「一個人越是能放下各種事情，他就越富有。」

因為我們想擁有的東西總是太多，但能真正得到的卻太少，所以一旦有所收穫，就會緊緊地抓在手中，深怕被任何人搶走，這種執著或許可以讓你守住既有的成果，但因你對未來的不安、恐懼，也無法輕鬆前行。

人生的走向就像在攀爬一座未知的高山，如果你只是把途中獲得的東西不斷塞進心靈的行囊中，將止步不前，甚至還有摔落懸崖的危機。途中取得的東西，要當用則用，不用則捨棄，這樣你既能收得各方美景、也能暢快攻頂。試著清空一方心靈的角落，你會發覺原來一直在追逐的人生逸境，就在你心，不假外求。

人比人氣死人，別身在福中不知福

朋友曾對我說，他最害怕的事就是參加同學會，因為現在的同學會簡直就是「愛比較大會」，既比事業，又比婚姻；既比房子，又比車子，無所不比。

每個人都應了悟，生活中的差別是無處不在的，如果硬要與別人比較，怎麼比都有缺憾之處，何必老是要自尋煩惱呢！

例如，某些人看到年齡比自己輕、職位比自己低的人，坐擁名車豪宅心裡就會很不平衡。

其實，如果家裡只有小家庭數量的成員，若是住進動輒百坪的豪宅，反而會拉遠家人的相處距離，把原本溫暖的家變得很疏離；而名車或超跑往往是最耗油的交通工具，在狹小的都市中穿梭也不見得如國產車適用，既然如此，何必為了獲得眾

確實你沒有令人羨慕的名車、豪宅，但你的生活也沒有因此匱乏。

人注目的眼光，去換一台只會讓你增加開銷又不實用的名車呢！

比較之心，人皆有之，但回歸現實、冷靜斟酌後會發現，雖然你確實沒有令人欣羨的名車、豪宅，但你的生活並沒有因此匱乏，既然如此，就把那庸人自擾的追名逐利之心拋到九霄雲外吧！

比來比去，比出人生無窮病

張先生是一家會計公司的小職員，過著安分守己的平靜生活。

有一天，他接到了一位高中同學的電話，邀請他出來吃個飯。十多年未見，他帶著重逢的喜悅前往赴約。他發現，昔日的老同學經商有道，住豪宅、開跑車，一副成功者的派頭，這讓身為小職員的張先生羨慕不已。

自從那次見面以後，他彷彿變了一個人，整天愁眉苦臉，遇到朋友便滿腹牢騷，拚命宣洩自己心中的苦惱：「這個傢伙，以前上學時考試老是不及格，憑什麼現在能夠賺那麼多錢？」

同事安慰他：「我們的薪水雖然無法和富豪相比，但也夠用了嘛！」

張先生懊惱地搖搖頭：「夠花用？就算我不吃不喝，我的薪水存一輩子也買不起那輛限量的跑車。」

同事倒是看開地說：「就算你買不起超跑也一樣能上下班、外出旅行，一樣能過得挺好呀！」

但是，那位小職員始終鬱鬱寡歡，最後他竟把穩定的工作辭了，希望能找到日進斗金的工作，只是天底下畢竟沒有這麼好的差事，之後，張先生就一直在失業的困境中唉聲嘆氣，日子還比過去更潦倒。

張先生起初還過得不錯，飲食起居不致匱乏，然而，當他開始把注意力全放別人身上時，卻看不見自己擁有的。最後，計較之心不僅沒有幫他縮小與別人的差距，反而讓自己陷入絕境。

計較之心，不但不會幫我們縮短與別人的差距，可能還會逼我們走進絕境。

別說別人有什麼，要問自己有什麼

生活中，比上不足比下有餘，這麼做根本沒有太大意義，只有做好自己能力所及的事才是明智之途。

如何矯正自己的攀比之念，你可以參考以下紓解之道：

降低不切實際的期望值

其實，最真切的幸福往往就在我們身邊，但不少人卻身在福中不知福。有時候，我們必須對自己的能力有一個清醒的認知，不能過度奢求，當你把不切實際的期望值稍稍降低後，你會發現，幸福其實早已在你的身邊。

或許你會覺得別人樣樣勝過自己，羨慕對方，但你是否想過，或許對方也正羨慕你呢！所以，與其奢望遙不可及的事物，還不如好好抓住已經握在手裡的幸福錦囊。

何種生活真正最適合你？

每個人都是如此獨特，所以適合別人的生活未必會適合你，唯有回過頭想想自己想要的是什麼樣的生活？如何創造？才能找到為自己量身打造的專屬幸福。

或許你曾經羨慕別人擁有一件名貴的衣服、一條耀眼的項鍊，並為了自己買不到、買不起而嘆息不已，但你可曾想過，那套衣服、那條項鍊穿戴在你的身上，真的合適嗎？或許樸素、自然一點的衣服才更襯托你的氣質呢！

因為一個東西的價值，乃至於人生的意義，往往不是用金錢或特定標準就能衡量，只有珍惜自己現有的一切，在這樣的基礎上，再去追逐你的目標，當你實現夢想的那一天，會發現人生至此，夫復何求！

每個人都是如此獨特，
適合別人的生活，不一定會適合你。

太想要，反而得不到

似乎每個人都曾有過這種體驗：「為什麼我越想要的，就越是得不到？」覺得自己比任何人都賣力工作，但升遷的卻是那些貌似輕鬆的同事；為家庭、孩子忙得心力交瘁，老公（或老婆）卻還是滿腹牢騷。

其實，你的投入並非全然沒有收穫，夢想無法實現的問題，往往是出在你「太想得到」的執念。

就像在栽種一棵櫻花樹，假設你過度頻繁地修剪枝葉、翻土、拔雜草、澆水……急切地想要看見她花開的容貌，但凡事的醞釀與變化都需要時間，過度地煩躁只會產生許多「反效果」，這就是想要又得不到的原因所在。

有時候，拋下那個因看不見成果而急躁又煩心的自己，放下得失間的焦慮之心，當你從過程中吸收所穫，心境轉換了，宇宙也會回應你的心念，成果就會因蘊而生。

轉個彎，別被不必要的堅持綁住

小宋非常熱愛繪畫，母親從小就將他送進美術班學習，耳濡目染下，長大後的他更加專情於繪畫了。

高中聯考那年，他說服母親讓自己報考美術學院，在他描繪的未來藍圖中，他以後想靠著畫畫賺錢，讓母親過著幸福的生活。

順利畢業後，小宋開始找工作。他奔波於各家報社之間，希望能夠成為報社的一名美術編輯，可是，這些報社都以各種理由拒絕了。多次碰壁之後，小宋本希望能以自己的一技之長來賺取生活所需，卻發現職場上根本沒有他的容身之地。在現實的殘酷打擊下，他的意志也開始動搖。

他的母親心疼地說：「既然你那麼喜歡畫畫，不如我贊助你開一間畫室吧！」小宋聽了心裡很難受，當初明明是想找份工作，以這份才華養家糊口，如今卻反而需要母親的金援，才能維持自己的興趣。陷在現實與理想的拉扯中，他感到備受煎

當你的心境轉換了，宇宙也會回應你的心念，成果就會因蘊而生。

熬。

幾經思索，小宋還是決定放下原先的堅持。他向母親借了十幾萬，成立了屬於自己的畫室，既教小朋友畫畫，又出售自己的作品，想不到竟意外獲得好評。

幾年後，小宋的學生陸續考上藝術名校，更替他打開了知名度，許多家長爭相把孩子送到他門下，這些穩定且豐厚的收入，不僅讓小宋還清了所有負債，更讓他無後顧之憂地投入創作。他的作品曝光後，更在國內外的藝術競賽和展覽上屢獲好評，小宋終於成為一位知名的畫家，實現了他對母親的承諾。

對於絕大多數人而言，面對夢想得到的事物，他們會本能地緊抓不放，唯恐失去。一旦真的失去了，就越會為此鬱鬱寡歡。

小宋適時拋開心中的煩惱，既先解決了眼前的生計問題，卻又為夢想奠定了基礎。其實只要不放棄心中的希望，面對現實境況適時地變通、放下，反而會在轉彎後看到另一番風景。

心輕盈了，夢想才能起飛

太看重世俗的人，終將受世俗所困。欲求太多，只會讓自己陷在失望的泥淖中。在成長的過程中，我們的責任只會越來越重，如果什麼都想要最好的，不懂得取捨、放手，最終只會被重負壓垮落得一無所獲。

為了避免落入一無所獲又怨聲載道的惡性循環中，我們應該適時地拋卻心中的執念，下次當你又站在人生的十字路口上徬徨之時，以下的逆向與正向思考，可以幫你找到正確的方向：

放下心靈的包袱，只需要轉瞬之間

有位信徒與牧師共進晚餐時，不停地向牧師吐露現實生活的艱辛，希望獲得他的安慰與開導。

牧師邊聽邊點頭表示認同，並示意他在談話的同時，順手舉起眼前的一瓶礦泉

太看重世俗的人，終將受世俗所困，
欲望太多，只會讓自己困在失望的泥淖中。

水，可想而知，這隻舉著水的左手很快就感到痠痛與不適。

三十分鐘之後，牧師看他應該忍耐到體力的極限了，便要他放下手中的礦泉水，同時開示：「你不喜歡提著重物跟我說話，為何你卻喜歡提著煩惱來過日子呢？手痠了，放下就好，對待煩惱，不也是如此？或是煩惱就像礦泉水一樣，是你自己用手把它們給舉起來的呢？」

大多時候，事實並不像我們感受到的如此艱難、沉重到難以負荷，這件事情對於你或輕或重，完全可以任由自己的心做主。

有些人從小就活在別人的期望中，常把他人的批評與誇讚看得太重，最後反而因此綁手綁腳、一事無成，忘了去追尋此生的使命。

你要了解，對你而言，最重要的東西，並非是最有用的東西，過度看重只會讓你惶惶度日。當你努力過後就放手，心輕盈了，夢想才有起飛的可能。

別讓得不到的東西控制你的心

知名作家梅拉妮．貝提曾在《無所執泥》一書中提醒大家：「我們想要控制的東西，反而控制了我們的生命。」

人的能力有限，但欲望無限。

當我們無法如願得到想要的東西，或達成理想的目標時，不妨先放下這股堅持，因為繼續執著下去並不會讓你達到目的。相反地，怨念會逐步蠶食你的理智，甚至驅使你鋌而走險，不擇手段。

當你學會捨棄，不再緊抓不放或全力抗拒時，會發現隨心所致並不難，最難的是放不開。心隨念轉，脫離了執著的涅槃，全新的視野也會重啟嶄新的生命循環。

對你而言，最重要的東西，未必是最有用的東西。

當心輕盈了，夢想才有起飛的可能。

名利皆空，其實越簡單的事物才越實際

人生路上，除了沿途的美麗風景，還有很多繁複的誘惑。當心中那隻名為欲望的惡魔蠢蠢欲動之時，會讓你為了所求奮不顧身，如果你不夠了解自己、尚未釐清夢想的本質，很容易就會身陷其中而難以自拔。

追求欲望是人的本性，但並非每種需求被滿足後都會幫助你走向希望的道路。就如同一個愛把持權力的人當上了小科長，這原本是美事一樁，但他卻更覬覦經理的權位，好不容易當上經理之後，又不滿足，認為只有一人之下、萬人之上的總裁才是他的最終目標，但每個人的能力有其極限，如果就這樣不斷地循環下去，不自覺間已成了欲望的奴隸。

那些被欲望纏身的人，不論他擁有了多少，都是最痛苦的人。被欲望腐蝕的心靈是空洞的，它們難以體會到簡單的快樂，如果我們不想深陷欲求不滿的地獄，就應該學會看淡繁複的誘惑，找回幼時簡單的滿足就能幸福無比的快樂。

拚了命追求的東西，真的是你要的嗎？

曾經有位哈佛商學院的畢業生到美國的佛羅里達州度假，他看見一位墨西哥籍的漁夫，只要出海一趟，就可以捕到足以養活一家老小的漁獲，看到豐收而歸的漁船，漁夫總是笑地合不攏嘴，還把自己吃不完、當天賣不掉的魚送給窮苦人家，看到那些三餐不繼的孩子看到魚那滿足的笑臉，即使每天與險象環生的海相搏鬥也在所不惜。

這名哈佛畢業生不解地問他：「你為什麼一天不多捕幾趟魚，這樣不就可以連休好幾天呢？」

漁夫憨厚地回答，不捕魚的時候，他喜歡躺在海邊做個日光浴，睡個午覺，或與老婆聊聊天；到了晚上，他就與附近的鄰居圍著營火、閒話家常，彈個小吉他，悠閒度日。

但是這位哈佛高材生很不以為然，他跟漁夫說：「你應該每天多捕幾趟魚，再

我們應該學會看淡繁複的誘惑，
找回幼時簡單的滿足就能幸福無比的快樂。

利用這些魚穫所得多買幾艘船，組成一支船隊。等到生意越做越大之後，你可以成立一間公司，把這些魚通通冷凍加工成罐頭，賣到各個國家去，這樣不用二十年，你就可以坐享億萬財富，然後過著愜意又優渥的退休生活。」

漁夫有點疑惑地問：「那麼，退休之後要幹嘛呢？」

哈佛畢業生說：「你可以每天躺在海邊做日光浴，睡個午覺，或是與老婆聊聊天；到了晚上，可以跟附近的鄰居圍著營火聊天，彈著小吉他，享受無憂無慮的生活了。」

漁夫更不解了，問道：「那不就跟我現在過的日子一樣嗎？」

人的一生到底在追求什麼呢？我們汲汲營營一輩子，拚了命地賺進大把鈔票，殊不知，財富不過是一堆紙罷了，不一定能帶來歡笑，相反地，幸福就在最平凡的生活中。

放慢腳步，享受簡單之中的不簡單

就如同前面哈佛高材生的見解一般，我們往往繞了一大圈，把自己搞得筋疲力盡之後，卻發現自己又回到了原點，夢寐以求的目標其實只在咫尺之間罷了，那麼一直以來施予自己的壓力，並因此賠掉的時間、情感、健康又是為了什麼呢？

既然追求名利的最終只是為了心靈無所匱乏的安定，那麼為何不放慢自己生活的步調，靜下心來欣賞人生旅途上的美景呢？當你又受名利之欲煩心之時，不妨品讀以下轉念：

不要跟著不切實際的誘惑起舞

有時候，你會被電視廣告或是推銷員的話所吸引，認為某件商品實在是太棒了，或是它的折扣實在是太划算了，為了買下它，你省吃儉用了好幾個月，當你終於將這件商品買到手時，卻發現它對你根本沒有多大用處。但諸如此類的事件卻常常上演。

需求與欲望就像我們的正餐與零食一樣，在肚子餓的三餐時間，吃下一個排骨便當就能飽腹，但如果想吃零食，吃再多種也填不了你想嘗鮮的那份嘴饞。如果你

再多的財富也不過是一串數字、一堆紙罷了，不一定能為你帶來歡笑。

三餐定時定量，就會能量飽滿；但若被零食占去了吃正餐的胃口，不是營養過剩就是營養不良。

人生也是如此。我們所需求的其實是最簡單的事物——愛，如果受到零食一般的名利所蠱惑，任何的事物、感情、關係都會變調走味，讓你的人生營養失衡。所以我常常可以在厭食者、暴食者、購物狂……等諮商者的身上，看到他們因匱乏的愛而衍生的各種人生的替代品，以及附加的心病。

而物質是大多數人都可以短時間獲得滿足的選項。所以當父母、孩子、情人用物質的方式去填補情感的缺憾時，我們都應該好好地思考本質：自己與對方在「愛的交流」上到底出了什麼問題？

簡單的快樂隨手可得

一輛高級跑車，是財富與地位的象徵，也是很多上班族勞碌一生也想達成的夢想。但等你真的買下了它之後，卻會發現，這件美事竟會為你帶來諸多意想不到的困擾，先別說奢侈稅、牌照稅的帳單金額就是每年的固定開銷，更要不時為愛車保養、美容，更換昂貴的原廠零件，除此之外，還要每天提心吊膽，害怕這部價值連城的車被人偷走，或是被人有心或無心的刮傷。

與此相比下，經濟實惠的轎車能夠載著一家大小出遊，除了少了路人羨慕的眼光外，幾乎沒什麼差別，車子的價值雖然遠低於超跑，但帶來的生活品質與享受卻不亞於它。

這截然不同的出發點，就決定了擁有後的幸與不幸，如果過度的追求只會讓你更憂慮，何不看淡這些表相的事物，直接去追求生命的質地。當心滿足了，不假外求，這一刻的你，才最實際。

當我們用物質的方式去填補情感的缺憾時，
應該好好思考：自己與對方在「愛的交流」上，出了什麼問題？

越求「利」，越會刺傷自己

常聽人言：「知足常樂。」我也備感知難行易，但是當你為了一時的求利、執著而賠去自己最重要的東西時，生命卻是殘酷不可逆行的。

我有個多年的好友，婚後和娘家借了五十萬的本錢就和丈夫一起投入車子零件生意，因為丈夫善於廣結人脈，事業也越做越大，將營利收入都拿去投資房地產，事業的全盛時期，在台中的黃金地段擁有五間的房產，她也成了人人欣羨的能幹老闆娘。

前幾年，因為丈夫想進一步擴充事業，買下了兩千坪的土地與廠房要做汽車保養場，夫妻想在退休前再拚幾年，就可以過著豐厚無虞的退休生活。沒料到，這幾年景氣急速下滑，保養廠的資金常常周轉不靈，只好逐漸變賣手邊的房產來應急，兩人從原本優渥的生活變成每天趕銀行三點半軋票的窮忙族，最後她因財務壓力過大引發心血管疾病，昏倒後就陷入重度昏迷、不醒人世。

少了一路扶持自己的妻子，丈夫毅然決然地收掉廠房，不僅背負了數百萬的債務，還失去了原本活潑的妻子。相信這只是台灣「拚經濟」的其中一個案例，但類似的故事每天都在上演。

「利」就像一把雙面刃，緊握不放只會劃傷雙手，人生的財富皆有定時、定量，那麼該是你的就是你的，如果不屬於你的，或許會拿走你原本擁有的去補，得不償失的人生相信沒有人願意經歷，但有時我們卻會因一時的短視近利而忽略了身邊最重要又最簡單的幸福。

設定停利點和停損點一樣重要

如果你覺得自己對於欲望、目標總有無限上綱的傾向，而且已經對你想要的生活造成影響時，你可以思考一下以下觀念：

「力」就像一把雙面刃，緊握不放只會劃傷雙手。人生的財富皆有定時，不必強求。

莫忘初衷，量力而為

當你有了足夠的經濟實力，就能買下房子、車子，讓家人衣食無虞，到目前為止，「利」帶給你的影響都是正面的。但是，若是這時你的口袋再多出一些閒錢呢？你可能會逐步增加自己各方面的開銷，會比之前更常上高級餐廳、穿戴名牌衣物、使用最新的手機、對孩子的願望有求必應。就這樣，一家人漸漸養成了奢侈的習慣，再也無法安於一般的物質水平，這時，如果你忽然被公司炒魷魚，或是投資失利，一旦失去雄厚的經濟來源時，你會發現自己的生活難以回到從前。

因此，凡事都要懂得適可而止，或許你總覺得自己離想要的生活還差那麼一點，但是比起許多連三餐都無法溫飽的家庭，你已經幸福無比。

其實，設定人生的停利點和停損點都一樣重要，因為你若無法知足、適時做出獲利了結的出場動作，總是想要投注更多的本金去賺取更多的利得，下一次命運的海嘯襲來之時，即使拔腿就逃也為時已晚。

以「人性」出發，追求正當獲利

股神巴菲特在股市中縱橫數十年，聚斂錢財無數。雖然他坐擁富可敵國的財產，卻從未賺取過一分不義之財，他的每筆交易都是單純對企業的投資，既不操弄行情匯率，也不探聽內線情報，無論他的股票是賺是賠，都不會殃及其他的投資人。

他曾向大眾說過，自己死後會將大部分的財產都捐給慈善機關，而不會留給子孫。因為他的逐利模式，完全是出於興趣，而沒有過份的私心，即使身為鉅富，他的生活依舊簡樸平淡，也不對子女過份溺愛，「逐利之心」絲毫沒有扭曲巴菲特知足的心靈。

君子愛財，取之有道。任何財富的取得，都必須以人為出發點，既不應為了謀取私人的利益，作出損人的勾當，更應該取之於社會，用之於社會，千萬不要因為追逐財富而喪失了基本的良知。只要你做到取捨有道，財富和幸福才會源源不絕地成為你人生的良伴，將有形有限的資產轉化為生命的無價之寶。

君子愛財，取之有道，
任何財富的取得，都必須以人為出發點。

你對別人大方，別人也會對你大方

文豪莎士比亞曾在喜劇《威尼斯商人》中塑造了一個吝嗇鬼的形象——夏洛克。他是一個放高利貸的猶太商人，不僅為了賺錢不擇手段，在對仇家的報復上也毫不留情，在威尼斯法庭上，他兇相畢露地說：「我向他索求的這一磅肉，是我出了很大的代價買來的，它是屬於我的，我一定要把它拿到手！」

一個對金錢物質緊抓不放的人，通常不會擁有寬大的心胸，他們可能會以價值來衡量人與人的交往，或對生活中的瑣事斤斤計較，這樣自私的人會逐漸難容於社會，最後，他們只能孤老終生。

所以，對他人吝嗇，其實就是對自己吝嗇，如果你待人大方，別人有能力時也會待你如此。如果行有餘力，可以與他人分享你的成就，或是拿去幫助貧困的人，這都遠比不斷增加的存款數字更有意義，因為你分享的不但只有物質，還有那份無價的關懷。

多為別人付出一些，你也不吃虧

有一個農夫精心培育出一種玉米，這種玉米顏色金黃，顆粒飽滿，每年都在農會榮獲最佳產品獎。每年評選過後，農夫都會將自己得獎的種子，毫不吝惜地分贈給其他的農友。

有人問他，這些種子是他的心血，花了好大的工夫才研發出來的，為什麼他竟如此大方，難道不會擔心明年的冠軍易主，或是別人和你搶生意嗎？

他說：「對我而言，將研發的成果分享給別人，並非是一種損失，反而還是一種獲得。你知道嗎？在玉米將成熟的季節，花粉會隨風飄散，如果鄰地種植的是較差的種子，在傳粉的過程中，其實也會影響到我的玉米田的品質。因此，我樂於分享自己的優良品種，是希望全村玉米田的品質都能一同提升，越來越精良，如果我只要小小的分享，就可以換來全村的富足與和諧，哪有不做的道理呢？」

簡短的一席話，其實富含了無限的哲理。就像佛經載道：「未成佛道，先結善

對他人吝嗇，其實就是對自己吝嗇；
如果你待人大方，別人有能力時也會待你如此。

緣。一念之惡，便結惡緣。」如果人生處處可以廣結善緣，於己又無傷，那麼何樂而不為呢？

施予就像投資，付出越多得到越多

有些人會問：「一般人都是平民老百姓，生活仍需撙節支出，我們哪有那麼多餘裕的金錢、物質分享給別人呢？」

有的，只要你有一顆正向且富足的心，就可以把一切好的事情、好的意念分享給你身邊的人。

對別人大方，並不是希望你在沒衡量自己的能力前，就對家人、朋友出手闊綽，而是真正地打開自己的心胸，培養自己的寬厚之心，不要過度看重彼此間的對錯得失，而要常常多句讚美、多做好事。

當你先試行幾次，讓負面的意念快速代謝，將正面的意念廣為分享，漸漸地，你會發覺自己活得越來越快樂，因為更多好的意念、影響也會透過別人回到你身上。若是你的心還一時放不開，仍為人我之間的利益糾葛所苦，你可以吸收以下觀點，看是否受用。

要怎麼收穫，先怎麼栽

許多人會因一時的意氣之爭，而傷了情感，這時我們可能會想：「我對他這麼好，他怎麼可以這樣對我？」

如果你希望別人怎麼對你，你自己就要先如此待人。

在諮商的時候，大部分患者的情緒問題，都來自於他們常常把自我負面的性格投射在別人身上。像是自尊心、防禦心過強的人，往往會遇到最會羞辱他的上司；常常覺得自己父母嘮叨的孩子，其實也常常在心中碎念他人的是非。

遇到這種問題時，最好的解套方法就是：以身作則，不求回報。

當你把無私的愛、關懷分享出去的同時，情況很快就會獲得改善。當你總是對人包容、雪中送炭，那麼當你需要的時候，就不會遇到落井下石的小人，而會遇到扶你一把的貴人。

如果你希望別人怎麼待你，你自己就要先如此待人，面對得失，最好的解套方法就是：以身作則，不求回報。

金錢也能買下金錢買不到的東西

在付出與收穫的宇宙循環法則中，物質其實是最不重要的東西，因為當一個付出的行為越容易用價值衡量，未來別人還之的價值也不過如此。所以在東方人的社會中，就常常蘊含著各種禮尚往來的行為。

如果你能將攢在口袋裡的金錢、心中的善意，施予需要的人群，那麼當你付出的那一刻，心中就閃耀著世俗中無可取代的光芒，因為那是來自靈魂最純淨、無私的善良。當你感受到自己有「助人」能力的那一刻起，所有的貪嗔痴怨就被拋下了，在你心中只剩無限的喜樂與平靜。

本來無一物，何處惹塵埃

因為比較的心理作祟，有些人不知不覺中種下「裝闊」的惡習，明明自己沒有這麼強的經濟實力，但為了滿足自己的自尊心，表面上過著光鮮亮麗的生活，私底下卻是過著拆東牆、補西牆，打腫臉充胖子的生活。最後為了這些虛華不實的生活，年紀輕輕就揹了幾十萬的卡債。

佛教禪宗六祖慧能大師偈曰：「菩提本無樹，明鏡亦非台，本來無一物，何處惹塵埃。」

意思是說萬事萬物一切皆空，只因我們有了分別心，執著心，其實靜觀世事，只要順應本體，那麼即使自己不生煩惱，煩惱也會自斷。

如果我們能在消費之前多想一想：買下這個東西之後，對我有幫助嗎？沒有這

靜觀世事，只要順應本體，
那麼即使自己不生煩惱，煩惱也會自斷。

個東西，對我的生活會造成影響嗎？

當你能夠看透物欲的本質，用這種方式去幫助自己判斷購買的必要性，久而久之，你會發現隨心所欲的購買習慣並非無法修正，而且還間接提升了自己消費的品味與實效。

你是為自己而買，還是為別人而買？

曉玲是位剛出社會的新鮮人，為了累積自己的工作經驗，雖然每個月薪資只有二萬元出頭，她還是選擇在科技公司擔任貿易助理的職務。

進公司沒多久後，她看到身邊的同事大多在使用智慧型手機，為此欣羨不已，但是如果要買，不論手機費、通話費、網路費都是一筆支出，以她的收入，其實扣除每個月的房租、最基本的生活開銷，根本就所剩無幾，她哪有多餘的錢去負擔一支智慧型手機呢？看看自己原有的手機也還堪用，她就把這個欲望吞回肚裡。

某次下班回家的路上，她看到自己使用的該家電信業者貼出智慧型手機的促銷方案，頓時她感到非常心動，她想：乘著優惠活動買一支智慧型手機應該也還好吧！想想我平時工作這麼辛苦，就當作是犒賞自己第一份工作的禮物，為了買手機增加的開銷，我刪減自己其他的必要支出就好了！

於是，她馬上走進通訊行，辦了一隻她夢寐以求的新型智慧型手機，即使購機需要一萬多的押金，她也毫不思索地用刷卡分期付款了。

走出通訊行，曉玲為自己這個決定感到非常滿意，心想：這樣我也算跟上智慧型手機的流行一族了，還可以和同事交流使用心得，明天上班餘暇，我也可以拿出這支手機和同事比較、討論一番了。

雖然當下曉玲的物欲被滿足了，但現實的問題還在後面等著她。

收到第一期的電信帳單和購機攤還的信用卡帳單時，曉玲簡直不敢相信，每個月她要為此付出近四千元的額外開銷！但既然買都買了，只好咬著牙過日子。為此，她只好推掉朋友的各種邀約、早餐也常常有一餐沒一餐的，日子一久，她慢慢發覺，為何要為了一隻只是附加功能比較多的手機，讓自己本來就不算寬裕的生活

當你可以看透物欲的本質，去判斷購買的正當性，就會逐漸提升自己消費時的實效和品味。

又陷入更深的瓶頸。

即使備感後悔，卻還有綁約兩年的月租費必須按時繳納，她終於感受到有時填補欲望並非會為生活帶來美好的改變，等新鮮期一過，反而還可能成為一種難以擺脫的限制，為了滿足一時的好勝與虛榮心，自己付出的代價實在太大了。

相信諸如此類的情形，不只會發生在曉玲身上，與欲望的拔河戲碼，每天都在我們的生活中上演。如果曉玲放下虛榮心和比較心，她就不會在意別人的眼光，也能做出正確的判斷，在合理的開銷下過著正常的生活。如果我們在面對自己的欲求之時，也能靜心想想其必要性，以及對自己的意義，相信就能逐步擺脫這種非買不可的執著，真正地成為金錢的主人，而不會淪為物質的奴隸。

幸福無法偽裝於外，只能深藏於內

生存在群體中，每個人都希望自己可以過著昂首自信的生活，但真正的自信必須發自內心的充實，而不是取決於外在的光鮮亮麗。因為只要是屬於外在的一切，都會隨著時間的移轉而消逝、損壞，但唯有成熟的內在會隨著生命經驗的累積而越磨越亮。如果你也曾經像曉玲一樣，因對物質的不實追求而懊悔，或許以下觀念可以幫助你剷除這種「別人有，我也要有」的攀比情結。

虛有其表，不如表裡如一

每天都在和同儕比財力、比名牌的人，他一定是個內心極度空虛的人。因為他深怕被別人看穿內心的空洞與能力的不足，所以才要尋求外在的事物作為自己的一種掩護。

其實我們根本就無需羨慕那些衣著華麗、非豪宅不住、非跑車不開的人，因為他們整日活在潛意識的恐懼之中，根本無法從最簡單、最平凡的事物中去感受到一般人就能輕鬆體會到的平實快樂。

與其過著追名逐利，對內心卻毫無助益的生活，不如反璞歸真，回歸最初的、最真切的自我。

其實夜市的銅板小吃帶給我們味蕾的滿足，絕對不會輸給米其林等級的料理；

真正的自信必須發自於內心的充實，
因為只要屬於外在的一切，都會著時間移轉而消逝。

全家出遊時，開著日系省油的休旅車的暢快，絕對不亞於開超跑的疾速體驗。

享受昂貴的事物不是一種罪惡，罪惡只來自於你空乏內在召喚這些事物的方式。珍惜與你心靈相映的生活，踏實的快樂來源會比迷醉的物欲鴉片更長久。

內心最充實的人，才是真正的世界首富

因為曾經在金融業擔任要職，後來又曾修習多年的心理學，所以我對物質世界對一個人心靈的影響有很深的體認。

過去我常常接觸到那些熟悉外匯交易，一次進場、出場的金額就動輒數千萬、甚至上億的客戶。因為牽涉到股匯市的影響因素本來就罄竹難書，再加上槓桿操作倍數的放大，即使是交給最深諳操作技巧的經理人，也不免碰上慘賠幾千萬的經驗，這時最能看出一個客戶的心理素質。

比較成熟的客戶，了解獲利與賠錢本來就是投資的一體兩面，如果他信得過這個操盤手，搞不好還會加碼進場；但大多數慘賠的客戶，都會呼天搶地地指責操盤手的不是，有的還為了經理人建議和自我決策的模糊地帶鬧上法院。原本是想賺錢享清福，沒想到卻為自己惹來更多的麻煩。這都是當一個人被貪婪和空虛扭曲後的

真實面貌，這時輸了面子、又賠了裡子，到最後受罪的還是自己，既然如此，何必甘心被物質和金錢一生操控呢？

假日時，離開繁忙的都市生活，回到鄉村的家鄉，陪著家人一同吃飯，就算吃一碗最陽春的蛋炒飯，也能感到格外的幸福，有時候，我們心裡需要的，根本就不像自己想像的、看到的那麼複雜巨大，不論貧窮或富足，唯有擁有一顆能時時感受生命、並從體驗中有所收穫的內心，這種充實飽滿的內在，才是世界上真正最富有的人。

快樂是不假外求的，當你能放下心中對「物」的偏執，看淡生命的起伏，逐步建立心靈的深度，無論外在的事物如何更迭，都無法撼動你最堅實的內在。

享受昂貴的事物，並非一種罪惡，
罪惡只來自於你的空乏內在召喚這些事物的方式。

一時的光環，可能害你一事無成

之前看到一篇報導，記者訪問了很多企業主管，對台灣某最高學府畢業生的看法，很多老闆都對這間名校畢業生的態度與行為很感冒，甚至認為他們除了擁有高學歷的背景外，其他方面幾乎都不及格。

但看看台灣教育制度下的犧牲者——技職體系畢業的年輕人，他們因沒有高學歷的光環，雖有專才，卻對能夠擁有一份工作十分珍惜，工作態度比許多頂著博士、碩士光環的年輕人身段更柔軟，反而能得到主管的重用，一路拔擢成為企業中的白領階級。

其實不論過去有多少榮耀加身，都只是一張暫時性的憑證，如果進入社會之後不懂得鞭策自己更加速成長，很快地還是會被淘汰。所以我們要學會掌握現在、放眼將來、把握每個可以努力的機會，就算其中必須經歷艱辛的過程，都是合理的歷練，如果一直懷念過往成功或失敗的經驗，都會阻礙你走向更美好的未來，時光易逝，就算你起跑後就占在領先的位置，也未必保證你是最後的贏家，不得不警醒自己。

唯有比別人更努力，才能保持領先

眾所公認，生前曾兩度獲得諾貝爾獎，並獲得超過一百個榮譽頭銜的居禮夫人是一位卓越的科學家。同樣身為科學家典範的愛因斯坦曾說：「在所有的著名人物中，居禮夫人是唯一不被榮譽腐蝕的人。」

有一天，摯友到居禮夫人家做客，忽然看見她的小女兒正在玩英國皇家學會剛頒給她的金質獎章，友人大吃一驚，趕緊問她：「能夠得到一枚英國皇家學會的獎章，這是多高的榮譽，你怎麼能讓孩子玩呢？」

居禮夫人笑著說：「我是想告訴孩子，榮譽就像玩具，只能玩玩而已，絕不能永遠守著它，否則將一事無成。」

其實不管過去有多少榮耀加身，都只是一張暫時性的憑證。如果不把握每個努力的機會，還是會被淘汰。

許多人在得到殊榮獎座後，都會把它好好地收藏在家中的玻璃櫃中，以彰顯自己的成就，甚至朋友來到家裡，還不忘好好地展示一番。但居禮夫人卻視名利如浮雲，就怕過度自恃而讓自己止步不前。

如果連榮獲兩次諾貝爾獎的居禮夫人都能如此看淡名利，那麼我們更不該因一時的成果而沾沾自喜，相對地，應該更加勉勵自己向下一個目標邁進，當你不倚靠光環的耀眼度日，才能一再突破，活出個人最奪目的光彩。

名譽可以是營養劑，也可以是迷魂劑

榮譽是對一個人達成目標的獎賞，對努力以久的人而言，值得細細回味。但也可能是一個休止符，如果你滿足於目前所擁有的成就，甚至瞻前顧後、患得患失，把重心都放在如何維持自己的名聲上，深怕自己有一天會跌落寶座，讓你偏離了原本應該繼續耕耘的道路，那麼這個榮譽對你而言就不再是一個獎賞，而是一個懲罰。那麼，當我們處在人生的道路上，該如何看待名利成就，才不會遺憾終生呢？

思考掌聲背後的意義

要跳脫對於名利的迷思，首先要思考一下光環背後的意義。

為什麼從小成績優異的孩子，長大進入社會之後成就卻不如預期？因為他過去的光環是來自於努力讀書、背寫題庫，對於功課經過不斷地預習、複習，才能在考試拿高分。

問題是，學生時代的考試題目，有老師會教、有考古題可背、有課本可學、有父母在旁耐心叮嚀。但進入社會以後的職涯生活，卻是一門無字天書，每天的生活、工作經驗都是一種學習，也都是一場考試。而且，考試的內容並非只局限於孩子對該科目的資質，成就的高低大多取決於他是否擁有正面積極的性格、解決問題的能力、待人處事的教養……等，所以如果孩子在成長的過程中，只會考試拿高分，卻缺乏健康人格的養成、很少對挫折忍耐力的培訓，自然就會感到灰心沮喪，因為大部分的生存方式、工作技能，都必須從做中學。

榮譽是對一個人達成目標時的獎賞，
但也可能成為一個成就的休止符。

如果面對最基層的工作培訓，連做都做不下去，更遑論未來會有什麼亮眼表現，因為過去的他願意學習，現在的他卻抗拒學習，幼時的光環當然會離他而去。所以，如果我們要逐步成長，就要適時地放下過去的包袱，不管是好的、壞的，只要會影響你前進的負擔，就要通通放下。

唯有把心空出來，才能吸收新知，不斷突破自我、創造新的人生紀錄。

讓榮譽引領你前進

某知名牛肉麵店的創始人老莊，曾講述過自己的成功之道。

他說，自己高中畢業後，由於沒有一技之長，於是從親戚那裡學了煮牛肉麵的方法，打算開一間普通的麵店，原想說能混口飯吃、賴以維生也就夠了。

沒想到，許多客人在吃過他的麵之後讚不絕口，這讓老莊對自己的廚藝信心大增，他開始在麵條的品質以及湯頭的口味上下一番功夫。他四處向人請教該如何作出更有嚼勁的麵條，以及更香醇的湯頭。這些努力的成果很快地為他培養一批死忠的常客，經常客的口耳相傳，讓上門的人潮更絡繹不絕，時常有客人不遠千里而來，只為了一嘗他煮的牛肉麵。

老莊曾說：「是客人的讚美，讓我獲得這樣的成功，因為他們讓我明白自己也做得到。」

對於客人的讚美，老莊沒有自得意滿，也沒有一笑置之，相反地，他將這些讚美化為進步的動力，站上了自己從未預料到的人生高峰。

所以，要受到光環的蠱惑，迷失人生方向；還是受到光環的引導，開創另一條人生大道，這都取決於我們的內心。

只要你置之名利於度外，永遠把焦點放在個人實力的精進上，就不會為虛名所困，不管到哪個地方、做什麼樣的工作、面對什麼人，都能悠然自得，因為你知道：你願意做！而且你做得到！

唯有把心空出來，才能吸收新知，不斷突破自我，創造新的人生紀錄。

哪一種星座的人最淡泊名利？

No.1

水瓶座（1月20日～2月18日）

天生就極具叛逆性格和獨立思考觀的水瓶座，對於名利也有一套自己的看法。通常別人越是重視的東西，他越是斥之以鼻；至於別人認為一點也無用的東西，他們反而會覺得有趣還去耐心研究。

因為他們天生就比較注重精神上的成果，所以反而會鄙視那些為了名利不擇手段的人，認為追逐名利是一種很空虛又俗氣的作為。他認為只要把自己喜歡的事情做到極致、做到無人能敵，這就是一種至高無上的成就，根本不在意旁人的認可與掌聲。

水瓶座之所以會這麼排斥權位，還有一個最重要的原因。就是有時候位居高位會讓他不得不依從形式、做人處事綁手綁腳，所以他寧可過著與世隔絕、瀟灑自在的生活。

No.2

雙魚座（2月19日～3月20日）

雙魚座是個隨心所欲又愛作夢的星座，他做每件事都很「憑感覺」、順其自然，如果不是他在意的人事物，就會呈現出「無感」的狀態，給他再多的利誘都是對牛彈琴。

所以他寧願花一個禮拜織毛衣給朋友做生日禮物，也不可能願意拿那一個禮拜的時間來衝刺業績，對他們而言，看見朋友收到禮物時，臉上堆滿的感動與喜悅，遠遠地勝過了那些他根本不想理解、也看不太懂的業績數字。

與其說他是淡泊明志，不如說他人生的重點本來就不放在追名逐利，所以，如果下次有升遷、加薪的機會，但這工作可能要犧牲不少他與親人好友的相聚時光，還是把這個機會讓給別人吧！因為你很快就會看見他淚漣漣又吃不消地舉手投降。

No.3 巨蟹座（6月22日～7月22日）

巨蟹座的性格很單純，他們常常扮演成功者背後的推手，卻不願意站到台前接受掌聲。這一方面是因為他們的性格天生害羞內向，但對於自己的本分又擁有堅定不移、沒做好絕不放棄的本性，他善良的個性更不可能做出那種為了權位，踩著別人的肩膀往上爬的這種事情。一方面在巨蟹座心中，沒有什麼能比擁有一個美滿幸福的家庭更重要，所以不管他付出了多少，都願意做個無聲的二當家。

其實這也不難理解，巨蟹座的母性讓他們像個慈母一般，總會在家人、同事最需要的時候地伸出援手，等到危機解除時，他又默默地退居幕後，不願居功。

成功是一種偶然，名聲也是一種偶然。
但是，巨大的喜悅不是一種偶然。
一個靜心圓滿成熟的人
從來不會想要擁有很多金錢或是名垂青史。

—《*Fame,Fortune, and Ambition*》

Chapter 5

得失更從容，是你的別人也搶不走

省下針鋒相對的時間，拿來自我實現

每個人或多或少都會在意別人的眼光，甚至把這些外在的評價看得比真實的自己還重要。所以，我們有時候會因為別人的一段評價、一句辱罵，或是一個斜睨的眼光耿耿於懷，甚至不惜為了這類小事與人撕破臉，爭得面紅耳赤、兩敗俱傷。

當你覺得自己很在意別人的評價時，你可以退一步更客觀地思考：對方說的這些話是有其道理嗎？還是也是一時情緒使然呢？如果你覺得對方根本就在意氣用事，又何必與他的低ＥＱ計較，破壞自己的好心情，還要進一步大動干戈呢？這不是很傻嗎？

相反地，如果別人的指責確實有道理，那麼你應該將憤怒化為感激，感激對方讓你明白了自己的缺陷與盲點，把力氣和時間用在審視自己與改過自新上，而不是一股腦兒地為反駁而反駁，錯過了進步的機會，也失去了願意肝膽相照、忠言直諫的好同事、好朋友。

你有多少時間跟別人過不去？

從前，在墨爾本的鄉下住著一位農場主人，他有個很特別的習慣：每次他覺得自己很憤怒的時候，他都會以最快的速度跑回家，然後，繞著自己的房子跑三圈，跑完以後，就坐在田邊吹風休息。許多人對他這種行徑難以理解，好奇地詢問緣由，但他總是笑而不語。

因為農場主人既勤勞又聰明，所以在他的努力經營下，農場的規模與產值都日漸擴增，漸漸地，他成為了村裡最大、最有錢的人，但即使如此，不論是他和生意夥伴討論公事時意見相左，或是和家人一言不和時，他還是會一聲不吭地轉身就走，跑到早就擴增的豪宅旁，繞著房子跑三圈。每次跑完，就坐在莊園邊的籐椅上休息，欣賞眼前他多年努力得來的成果。

有一天，年幼的小孫女忍不住跑到他身邊懇求：「爺爺！您可不可以告訴我？您為什麼一生氣就要繞著房子跑三圈呢？」

你真的有必要把時間花在那些存心和你過不去的人事上嗎？
這樣做到底值不值得呢？

農場主人笑著說：「我年輕的時候，只要一和別人爭執，就會繞著房子跑三圈，一邊跑一邊想：我的房子這麼小，週邊的土地還有這麼多沒開發，我哪有時間去和別人爭執呢？於是，我的氣就消了，決定把與他人計較的時間拿來努力工作。如今，就算我年紀大了，仍然會有克制不住脾氣的時候，於是我照樣繞著房子跑三圈，邊跑邊想：我的房子已經這麼大了，名下的土地這麼多，還和別人爭什麼呢？一想到這裡，我的氣就消了。」

為了平復自己的情緒，農場主人選擇將怒氣吞下，並試圖將注意力轉移到自己能力所及又有意義的工作中，乍聽之下或許有些阿Q，但又何嘗不是一種高EQ的方法！

冤有頭債有主，搞清楚宣洩的對象

人生在世，難免遇到不如意之事。一旦發生了令你憤恨不平，或是碰到了老是愛找碴的小人，難免會有想要破口大罵之時，或是要撲上去痛毆對方的衝動，但這時不妨先冷靜想想：你真的有必要浪費時間在這些存心要和你過不去的人和事情上嗎？這麼做真的值得嗎？除了氣極敗壞以外，有沒有更好的解決之道呢？

愛吵架的人，其實是對自己不夠滿意

如同前面說過的，你之所以會對他人的評價耿耿於懷，是因為儘管你打從心底不想認同對方所說的話，但這些話仍然刺痛了你，才會讓你惱怒不已。所以，與其說你是在生別人的氣，不如說，你是在對自己生氣，如果你本身就沒有這個傷口，又何必怕別人揭你瘡疤呢？

如果你對一個本來就很瘦的女生，戲稱：「你這個死胖子！」，她只會當成一句戲言罷了，因為每個人都看得出，這個綽號套用在他的身上一點也不貼切；相反地，若是你對一個略有發福跡象的人口出此言，很可能會讓對方勃然大怒，因為在他的心底早就隱隱為了自己日漸臃腫的身材在乎不已，你居然還敢公諸於眾！

所以，下次在遭受批評，急著反駁對方的話之前，可以先冷靜檢視自己，為什麼他的話會讓你如此生氣？這比不分青紅皂白地破口大罵還更有意義。

如果你自己本身根本就沒有這個傷口，何必怕別人揭你傷疤。

不要把小情緒發洩在大事情上

我有個脾氣很直的朋友，有天，他忽然拄著拐杖，一跛一跛地來拜訪我，我連忙問他是不是遇到了什麼嚴重的意外事故。

他自嘲地說：「前幾天，我開車去上班時，愛車在巷口與人擦撞，我一怒之下，就下車朝著對方的車門猛踢一腳，沒想到用力過猛，竟然讓小腿骨折了。」讓我聽得又好氣、又好笑。

有時候，讓我們生氣的明明只是些芝麻小事，平常人可能會發發牢騷，聰明的人更會一笑置之。但有的人卻偏要鑽牛角尖，把小事放大，釀成更大的苦果後，才後悔不已。

其實，情緒有很多種宣洩的管道，我們應該試著去尋找對自己最有效、卻又不妨害他人的宣洩方式，不論是回家用力捶枕頭，還是聽音樂、吃東西、打電動，都好過用情緒虐待自己的身心，或是對重視的人說出更傷人的話。因為，等事情平靜之後，往往會發現，自己一時的情緒化卻產生了難以挽回的後果。

所以，趕快在下次發脾氣之前，找到自己最佳的宣洩途徑，當你試用幾次之後就會發現，自己生氣的次數不僅越來越少，而且省下情緒化的時間精力，還可以拿來做些更有效益的事。

當你不再容易受到別人的言行而左右之時，不管別人如何惡意的刁難，都可以看做是一個「入世修」的機會，或許這些老愛惹你生氣的人絕非善類，但卻讓你因此培養出更好的修養，這也算是功德一件啦！

我們應該去尋找對自己最有效的情緒宣洩管道，下次就不會虐待自己的身心，或是傷害身邊的人。

一無所有，才能無所不有

人的一生變幻莫測，突如其來的意外總讓我們措手不及，既然我們無法預料，就只能以平常心看待。若是厄運真的從天而降，我們不能因為暫時的挫折而一蹶不振，而要了解，當你跌到谷底的時候，就是你否極泰來，轉危為安的時候了。

每當我們遭遇失敗，都要告訴自己：「勝敗乃兵家常事，如果我能克服眼前的難關，就不會成為最後的輸家。」因為贏了固然是好事，但輸了也意味著你獲得了更多成長的空間。

人生就像一場又一場的賭博，既然無法決定自己的輸贏，我們所能做的就是預留失敗的空間，並在真的遭遇困頓時坦然以對，不要為了一次的失敗，也斷送了未來可能的成功。

放眼未來，才有可能抓住未來

J．K．羅琳靠著小說《哈利波特》在全球熱賣，並因華納公司花重金買下版權翻拍成電影，讓羅琳現在的身價高達10億美元，財產甚至超過英國女王的6.6億美元。但是，在她成功的背後，卻有一段極為坎坷的艱澀過去。

羅琳在大學畢業後嫁給了葡萄牙裔的丈夫，但這段婚姻並不幸福，或許是種族文化上的差異，讓夫妻之間的爭吵從未停過。之後，雖然她生下了女兒，但仍無法彌補兩人破碎的感情，最後在一次嚴重的爭吵下，丈夫將她趕出家門，從此結束了一段令人傷心的異國婚姻。

離家後，羅琳與女兒住在一層沒有暖氣又簡陋的小公寓，為了賺錢貼補家用，她時常一口氣接了好幾份兼職的秘書工作，在失業期間，她會趁著女兒睡著的時候，到咖啡店寫作。

當羅琳的第一部《哈利波特》完成時，沒有出版經驗的她將手稿亂槍打鳥地寄

害怕失去的人，反而會失去更多，
不計較得失的人，反而能受到上天的眷顧。

給了好幾家出版社，結果都慘遭退稿。

她就在漫長的等待中艱苦地掙扎著，一位沒有正職工作的單親媽媽，又要照顧幼小的女兒，讓她們的生活一度潦倒，陷入經濟上的困境，但是，羅琳一直沒有放棄對寫作的熱情，她仍然以積極的態度面對生活。

終於，在一年之後，她接獲一家版權經紀商的電話，表示美國一家出版社對她的小說很感興趣。沒過多久，《哈利波特》就以十萬五千美金的高價賣出，甫問世就在全球造成轟動。羅琳從低收入的單親媽媽搖身成為坐擁億萬財產的富婆。

羅琳逆風飛翔的故事告訴我們：以平和的心態迎戰逆境，就能夠以淡然面對失去，以感恩面對獲得，讓你的人生充滿希望。一時的危機未必會是永遠的危機，不去計較既成的事實，全心全意地放眼未來，就能迎來雨過天晴的一天。

沒有被打敗的人，只有認輸的人

在危機之前，有的人驚慌失措，患得患失，有的人放下輸贏，只著眼於過程的所獲；最後，害怕失去的人反而失去更多，不計較得失的人卻受到命運之神的眷顧，穿越人生低谷，看見溫暖的曙光。所以，一個人看待事情的心態幾乎就決定了最終的結果，也決定了他一生的福禍。如果你時常覺得自己運氣不佳，生活中滿是挫折，何不試著利用以下的心念來扭轉自己的人生：

沒有永遠的輸家，也沒有絕對的贏家

人生所謂的輸贏其實是一體兩面，當一場比賽中有贏家，也就必然會有輸家；同樣的道理，要是你從某件事情中獲益，也一定會在其他地方失去一些。

就像是當你持有一件值錢的寶物，就會不時為了保管這件寶物擔心受怕而失去原本不必擔憂的自由自在；當你在工作上取得了亮眼的成績，你每天必須為了保持領先而犧牲了休閒、睡眠的時間，甚至還會損害健康。相反地，當你看淡物質的去留、生命的起伏時，路人一句隨口的讚美，朋友一個不經意的幫忙，或是親人聊表心意的禮物，對你來說都是那樣地甜美。

生命的過程就是不斷的起伏與跌宕，你不可能永遠都站在高峰或處於谷底，當

就算必須暫時地從人生的寶座上離席，也要走得光彩，
因為，「輸得起」也是一種風度。

你感到低潮時，試著收起埋怨之心，朝著下一座山峰出發吧！

即使會輸，也要輸得光彩

清朝的紅頂商人胡雪巖在風光了大半輩子後，遭遇了前所未有的困境，他在寧波的兩家錢莊同時倒閉，胡雪巖意識到這回自己真的要輸了。不過，這時有位朋友出面，表示願意幫忙墊付二十萬兩，來維持住那兩家錢莊。

胡雪巖雖然很感動，卻婉拒了他的好意，因他評估情勢已經無可挽回，不想拖累這位好友。最後，他將錢莊逐一關閉，遣散了所有僕人，並將錢財發給所有的家人與員工，回鄉過著安貧樂道的日子。

既然人生的輸贏無可避免，如果能放下對得失的執著，那麼就算必須暫時的離場，也要走得光彩，有時候，「輸得起」也是一種風度。

要記得，面對生命的考驗，要積極或消極、要越挫越勇或不堪一擊，這都是自己可以決定的。最重要的是，就算你輸得一無所有，你還有自己，你就是自己最大的資產，只要有自信做後盾，隨時可以捲土重來、東山再起，事實證明，唯有走過人生最深的低谷，才能攀上最險峻的高峰！

越是在乎的東西，越容易失去

生活中，我們總有許多十分珍視，無論如何也不想要失去的東西，這些東西可能是無形的，像是金錢與名聲，也可能是有形的，像是情人與親人。不過，如果我們過於看重而緊握不放，反而會使自己與這個寶物之間的關係變質，彼此產生抗性，最後因相斥而失去。

別讓得失心轉移了人生的焦點

我有個朋友的兒子就讀國中，他是校內棒球隊的投手。由於生來體格健壯，加上運動神經極佳，沒多久就成為隊上的王牌投手，深負全隊厚望，在教練特別栽培之下，不僅在校內闖出了一點名氣，學校也將他視為重點培育選手，希望能讓球隊

萬事萬物都有一個中心價值，當我們的心與此價值同在時，就能發揮一加一大於二的無限能量。

在校際比賽中得到好成績。

後來，這個孩子果然不負眾望，協助球隊從分組比賽進入全縣比賽，再到全國大賽，一路過關斬將，屢創佳績，更在其中一場比賽中締造了無失分的優異表現，讓各校的教練眼睛為之一亮。大家都認為，這支沒沒無聞的球隊終於誕生了有史以來最優秀的明日之星，距離全國冠軍只有一步之差了。

到了總冠軍比賽前夕，校方為激勵球隊打出更好的成績，提出諸多獎勵。甚至有高中名校向孩子提出邀請，只要他能在大賽中獲勝，就會保送他入學，並贊助高額獎學金。所有人都認為，這一面金牌是勢在必得的。

沒想到，比賽才剛開始，孩子卻接連被對手打出安打，最後因為失分過多而被提前換下場。我事後聽說孩子失常的表現後，還特地打電話詢問一位專業的球團教練：「聽說他前幾場的表現很不錯，為什麼這次反而失常了呢？」

教練說：「這些孩子平常打棒球，只是出於對運動的熱愛。如今，一場比賽的勝負將決定他能否得到獎金，以及未來能不能進入名校，這對他而言，比賽的價值已經超出興趣本身了，所以當他的心思放錯焦點，自然就無法發揮過去的水準，我想不只是這個孩子，即使許多知名的職棒明星都未必能跳脫外在因素的干擾，專心致志的打球，但是，唯有不在乎一時的輸贏，才能隨心所欲地發揮最高水準。」

萬事萬物都有一個中心價值，當我們的心能與此價值同在時，自然就可以發揮一加一大於二的無限能量，但若我們的心錯放焦點，只會產生相互抵銷的能量，當然會與預期的方向背道而馳。

鬆開手心，才能清楚看到寶物的光芒

有時候，心中內部的欲望，或是外部的激勵，都能成為推進你邁向成功的動力，因為想要達到特定的目的，你會督促自己不要懈怠，持續保持著積極的心態。

然而，極度渴望也應該要有一個限度，無論你的目標是什麼，一旦過於執著，你的好勝心只會讓自己偏離航道。例如，賺錢的目的，到底是為了金錢本身，還是為了金錢隨之而來的幸福？

賺錢的目的，到底是為金錢本身，還是為了金錢隨之而來的幸福？

這種因在乎而變質的連帶因果，在感情之中也很常見。當我們愛一個人的時候，我們總是希望做到無微不至，希望他不要挨餓、受寒，或是不開心。我們挖空心思地討好他，將他需要的一切都準備得妥妥帖帖。但最後，對方不僅沒有感激，反而會嫌我們太專權，將他捆綁得透不過氣。

其實，無形之中我們已經轉移了焦點，不再是因為愛對方才做這些，而是一廂情願地將自己想要的加諸在對方身上。

同理可證，不論我們的目標是什麼，如果過於執著，就會在不知不覺間陷入等價的付出與回饋的計較之中，忘了原始的初衷。因此，用平常心以對，鬆開手心，才能看見你捧在掌心的這件寶物，因你懂得呵護及放手，因愛閃閃發光。

好漢不吃眼前虧，不如放長線釣大魚

生命中大部分的勝負並不能完全由表面的事實而定，還需要經過時間的考驗。不論經過幾次失敗，只有最後關頭仍能重新站起來的人，才是最後的勝利者。

有時，你會無端受到他人的羞辱、輕視，或許因為一些原因暫時無法反駁，但你也無須與之爭論，只要未來你能力爭上游，一雪前恥，當你重新檢視這些負面批評時，就會啞然失笑，因為你已經不是過去那個軟弱的你了。

同樣地，如果你不慎被他人利用，而蒙受損失，也別急著理論，因為格局大的人，是不會與小人錙銖必較的，就算曾經吃了一次悶虧，下次就會學乖了，這種人生的學習也是一種獲得。

就算曾經吃了一次悶虧，下次你就會學乖了，這種人生的學習也是一種獲得。

用你手裡的爛牌，打一場漂亮的比賽

小王自幼就患有輕度智障，學習能力自然比起同齡的孩子差很多，所以父母從小就教育他，要比別人更勤奮。

求學生涯中，別人讀三遍就能讀懂的文章，他卻需要讀十遍以上。別人一次就能辦好的事，他卻常需要來回做個五次以上，才能稍微掌握要領。

但他在困難面前從不妥協，始終相信勤能補拙，即使艱辛，在這樣的堅持下仍然順利畢業。

出社會後，小王遇到的難題更層出不窮，由於他的相貌平平，而且還有輕度的智障，大部分的公司都不願錄用他，但他還是想憑著自己的能力養活自己，所以從未輕言放棄。在面試三十幾次後，終於有家公司錄取了他，即使只是一份打雜的工作，但小王還是振作了起來，他想向別人證明自己，無論是什麼樣的工作，只要比別人更努力，他一定能做得很好。

於是，他白天在公司打雜，並觀察同事們的工作方式，晚上就回家自習，學習與這個行業相關的各種知識。

漸漸地，小王在公司中不只能快速完成自己份內的工作，行有餘力時還能幫忙其他同事。能從實務中學習讓他更突飛猛進，晚上下班後，更花許多時間思考如何提升工作效率，並且再持續應用這些方法在自己與支援的工作中。

皇天不負苦心人，公司的經理很快就看到他對工作的熱誠與明顯的進步，不僅將小王升為正職的特助，還讓他跟在自己身邊學習各種應對的技巧。因為理解力不如他人，所以每天小王回家之後，都會將當天觀察經理與各部門主管、外面客戶的應對在心中複習數次，因為他的用心與成長遠勝過其他看似聰敏的員工，所以經理即使一路升職也仍將小王留在身邊。

隨著經理職務的晉升，小王的職務也從經理特助，變成總經理特助、董事長特助，後來，當總經理的職缺空出時，已升為董事長的經理，馬上就任命小王為總經理的最適人選，而他穩紮穩打地管理方式，更帶領公司的業績飛快成長。

這些機會、成就，都不是過去的小王所能想像的到，並且汲汲營營爭取的，他

一時的失敗並不可怕，
最可怕的是你還沒上場就先落跑了。

能擁有今日的成就，是由於他從不因自己的起步比別人差、比別人難而自怨自艾，並一直謹記父母的教誨——「勤能補拙」，不敢有絲毫地懈怠，時至今日，才能實至名歸。

任何的缺憾都不應該影響你人生前進的腳步，如果想走得更遠，就應該更努力。雖然小王就像「阿甘正傳」裡的主角阿甘，生理殘疾，但心不殘疾，雖然是一隻笨鳥，卻比聰明的鳥更先遨翔在廣闊的天空。

小王的親身經歷告訴大家，一時的失敗並不可怕，最可怕的是在還沒上場之前就因害怕而落跑，只要鼓起勇氣，願意上場比賽，坦然面對得失，憑自己的能力拚鬥到最後一刻的人，就是真正的贏家。

拋開一時的輸贏，保持你對勝利的渴望

龜兔賽跑的故事，大家從小就耳熟能詳，也懂得其中的寓意。其實每人都有求勝心，但唯有能正視自己缺憾的人，才懂得善用其他的優點，努力補足自己的劣勢，才能逆風飛翔；相對地，每個人也都有傲氣，已經跑在人前的人，如果過度放

大自己的優勢，反而會成為他最致命的失誤。

無論你現在是落後還是超前，只須時時保持你的求勝心，克制你的傲氣，就能取得最終的勝利。下次，你又因一時的失敗，不慎被小人訕笑時，你可以如此轉念：

被別人打敗不可怕，被自己打敗才可怕

遭遇挫折時，不要太容易就認輸。只要你力圖振作，再差的事態都有可能獲得轉機，甚至成為你前往成功的墊腳石。

最怕因為一時的失利就垂頭喪氣，怨天尤人。只要你這麼想，心中的想法就會變成殘酷的事實，因為你什麼都不做，既成的事態就不可能改變。相反地，如果你意識到了差距，並且有心去一點一滴地縮短它，那麼，這股逆境反而有可能為你助長勝利。

唯有能正視自己缺憾的人，才能善用自己其他優點，補足劣勢，逆風飛翔。

當一個人覺得自己已經贏了，代表他也停止了進步

當一個人得到比別人優越的成就，通常會有兩種反應，一種是將它們用來激勵自己，取得更好的成績，一種是滿足於現況而停滯不前。如果眼下有人拿自己的功績向你炫耀，或羞辱你，代表這個人已經停下了精進的腳步，這就是你超越他的可趁之機。

同樣地，若是有人總是愛斤斤計較，專注於那些蠅頭小利，代表這個人所在乎的就是些微不足道的利益，他的雙眼無法看到這些小利之外更大的報酬，那麼，你也不需要與這種人貪小便宜的人爭功。只要著眼於更大的抱負，並努力實踐，唯有一再超越自我的人，才能成就大業。

俗云：「得志之時莫得意，失意之時莫徬徨。」只要知道自己要攻下的是哪一座山頭，只要你不為眼前的情勢幻象而停駐，就算歷經再惡劣的天氣、必須繞更艱險的道路，也能使命必達！

學會感恩，得失皆是收穫

生活就像一枚硬幣，一面是得，一面是失。它們同時存在，又極為接近，只要將硬幣翻到另一面，就會從正變成負，從得變成失。你的心態就像是這個翻面的動作，要讓硬幣的哪一面朝上，全操之在你。

如果你要讓失去的那一面朝上，那人生在你眼裡就充滿了失意與悲傷，看不見自己已經擁有的一切。其實只要你一個小小的動作，將反翻正，就不會為了自己失去的東西而嘆息，反而會為自己擁有的一切備感珍惜。

扭轉心念就是這麼簡單，但是大多數的人卻把這個由反轉正的契機，交給外在環境、命運，才會本末倒置，深陷情緒的輪迴之中。

曾經在生命中利用過、傷害過我們的人，都是觸發我們反思、進步的動力。

心存感恩，知足惜福

有位果農，常想如何藉由研發特異的果實，讓自己一夜致富。

有一天，一位外地來的商販送給他一顆的種子，還對他說：「這不是一般的種子，只要將它種在土壤裡，兩年後就能結出數不清的果實，為你帶來可觀的財富。」

農民欣喜之餘，急忙將種子收好，但他突然心生擔憂：既然這種果實如此珍貴，萬一被別人偷走怎麼辦呢？於是，他跋山涉水，移居深山，找到了一塊田地來種植這種珍貴的果樹。

他謹遵商販的囑咐，每天澆水施肥，辛苦耕作了兩年，終於讓小小的種子長成了一棵棵茁壯的大樹，並且結出了纍纍的果實。雖然果樹的數量並不多，但結出的果實也足以讓自己生活優沃。於是他特意挑選了一個黃道吉日，準備在那天摘下成熟的水果，拿到市集上賣個好價錢。

當吉日已到，他氣喘吁吁地來到果園，心裡猛然一驚，那一片通紅的果實竟然被鳥類與野獸吃個精光，只剩下滿地的果核，想起自己的夢想化為泡影，果農不禁傷心地哭了起來。待心情慢慢平靜下來之後，他轉念一想，這些不過是陌生人贈送的種子，自己從頭到尾也沒什麼損失，沒了這塊果園，他還可以回鄉繼續栽種一般的果樹，重回過去的日子，又有什麼好傷心的呢？

不知不覺間，幾年的光陰又如流水一般逝去了。有一天，他偶然又來到那片原野，突然愣住了，因為他面前出現了一大片茂盛的果林，樹上竟結滿了果實。

原來，當初那些飛鳥和野獸吐出的果核，經過了幾個寒暑的生長，逐漸發芽生長，終於長成了一片更加茂盛的果林。果農心想，如果當年不是牠們吃掉了這一小片果樹上的果實，今天也不可能收穫這一大片果園。

因為懂得知足，命運之神並沒有完全奪走果農的希望，如果不曾失去過，他不會懂得感恩的奧義：曾經在生命中利用過、傷害過我們的人，都是觸發我們反思、進步的動力。

當我們失去一些東西時，
就當做你把和別人借來的東西還回去。

外不著相，內不動心

綜觀人的一生，我們空著雙手來到這個世界，無論是貧是富，最終還是會空著雙手離開。所謂曾經的得到、失去，都只是一時的心念所致，我們所得到的，都是世間萬物的賜予，所以我們對於萬事的洗禮，都應抱持著一份感恩之心，欣然接受，才能從中領受。

如果你發現自己深受得不到之苦，可以思考一下以下心念：

失去的本來就不屬於你，擁有的卻值得感恩

當我們失去了某些東西時，如果我們一直執著、計較，失去的東西也不會回來，還會讓自己浪費光陰、心神，原地踏步，或許你會在無形之中失去更多機會。

因此，不妨用感恩的心態面對吧！當我們失去一些東西時，只要當作你把從別人那裡借來的東西還回去而已，不需要過度感傷，只要擁有時，確實有所幫助、感悟，就該心存感激，不必著相於事物的來來去去。

如果你能這樣想，就會發現自己的周遭還剩下不少寶物，這些都是從你出生之後，上天一點一滴送給你的，而它們至今都還沒有被收回。你應該為了擁有這些而更加珍惜，而不要為了已然失去的東西做無意義的計較。

若有所失，亦有所得

世事本存在著自然更迭的規律，當你了然，就知道無所得、也無所失，只是我們放不開、捨不得而已。例如：花草的種子失去了在泥土中的安逸生活，但它奮勇地鑽出地面，得到了在陽光下發芽微笑的機會；小鳥失去了幾根美麗的羽毛，經過風吹雨打，卻得到了在藍天下凌空展翅的機會。

人生總是在失去與獲得之間徘徊，沒有失去就不會有獲得，或許表面上的失去令人心傷，但是你又怎麼知道在失去的背後，是否隱藏著更大的果報呢？

所以，心存感恩才能微笑面對人生風雨，豁達地泯去曾經的仇怨與傷痕，以超然的大度接受生命的洗禮，快樂與幸福就能常相左右。

當你了然，就知道既無所得、也無所失，只是我們捨不得、放不開而已。

別眺望遠方的一切，卻漠視了身邊的幸福

世上的每個人都是獨一無二的，但我們總會將自己的條件、際遇與他人相比，一旦發現有哪點不如別人，就會抱怨老天不公平，給了別人這麼多，卻對自己如此吝嗇。

其實，老天未必是不公平的，最珍貴且不易失去的東西，往往是一直默默地陪在你身邊的人事物，但人們卻習慣「吃碗內，看碗外」，如此一來，心裡也難有安逸滿足的一天。

把握身邊的幸福，才能抓住遠方的夢想

有個命運乖舛的男孩，他十歲時母親就因病去世了，父親因要養家，就去做工時長卻收入穩定的客運司機，所以大部份時間都不在家。於是，自從母親去世後，

小男孩就逐漸學會了打理家事，自己洗衣、做飯，照顧自己。

但上天似乎認為給他的考驗還不夠多，當男孩十七歲的時候，父親因車禍喪生了，從此在這個世界上，男孩孤苦伶仃，無依無靠。可是他人生的噩夢還沒有結束。

父親死後，男孩強忍悲傷，外出打工，開始自力更生。不料，在一次工程意外中，男孩失去了自己的左腿。慘遭一連串的打擊，男孩仍然努力打起精神，積極面對生活隨之而來的不便，因此他學會了使用拐杖，同時，還找到一份簡單的兼差，日子算是得過且過。

幾年後，男孩拿出自己辛苦積攢的積蓄，開了一間養殖場，沒想到，一場突如其來的大火，將男孩最後的希望都奪走了。

終於，他再也忍無可忍，衝進教堂，像牧師告解：「你們不是說神愛世人嗎？為什麼上帝對我這麼不公平？」

最珍貴且不易失去的東西，
往往是一直以來默默陪在你身邊的人事物。

牧師聽過他的遭遇後，說道：「你的人生的確很悲慘。但是，既然這麼痛苦，你為何還要活下去呢？」

男孩覺得牧師是有心激怒自己，他氣得渾身顫抖地破口大罵：「我才沒那麼傻，絕對不會讓老天爺如願以償的！既然我什麼都沒有了，就更沒有什麼好怕的了，不管上天再用什麼手段來對付我，我都不會被輕易打敗的，有膽就放馬過來吧！」

牧師聽完放心地笑了，他溫和地對男孩說：「你知道嗎？我認識一個幸運兒，他一帆風順地過完了大半輩子，擁有令人稱羨的學歷、美麗的妻子，豪華的房子、車子；可是，後來他才遭遇一次變故，失去了所有的財產，就絕望地選擇終結生命，而你卻堅強地活了下來。」

經過神父的開示，男孩突然明白了，即便失去了所有，但命運的錯誤卻造就出自己不折不撓的性格，更重要的是，他還活著，不是嗎？即使命運一再剝奪你的好運及成果，至少，你應該好好把握住自己現有的一切，因為到最後你會發現，這些反而是你最珍貴的資產。

想清楚自己到底還有什麼

生活總是充滿著各種無奈，如果你不能放下斤斤計較之心，就不可能看清自己到底擁有什麼，更不可能享受到快樂知足的感覺。當你覺得自己走進人生低谷時，不妨試試以下的建議：

不要忘了握在手中的幸福

我曾在街上看見一個孩子嚎啕大哭，他的媽媽問他為什麼哭，孩子說，她剛剛送給他的十塊錢不小心掉進水溝裡了。於是他的母親只好又給了他十塊錢，希望他不要繼續哭鬧，沒想到孩子反而哭得更大聲，媽媽一臉疑惑地問孩子為何還不滿足，孩子說：「假如剛才那個十塊錢沒有掉到水溝裡，那我現在就有二十塊錢了！」

人的欲望是無窮無盡的，我們不斷重蹈「貪婪」的覆轍，在這種心態的作祟

當你看見自己身邊的所有，
才可能善用它們，重新站起來。

下，總會忘了自己擁有的一切，而去為不屬於自己的東西難過哭泣。其實，就算孩子失去了十塊錢，他還有疼他的爸爸、媽媽，這已經比世上許多孤兒幸福太多了！

珍惜現有的，才可能獲得更多

美國的前總統羅斯福在參選之前，曾被診斷出罹患小兒麻痺的隱性基因，醫生告訴羅斯福，他未來可能會喪失行走的能力。聽了醫生的宣判，羅斯福不但沒有傷心，反而說：「我還要走路，而且我還要走進白宮。」

所以，切莫因為一時的挫折就覺得自己已經失去了全世界，再也沒有翻身的機會了。因為比起失去金錢、友情、工作，失去生活的動力才是真正的慘敗，當你覺得自己一無所有，那你就真的一無所有；只有看見自己身邊剩下的東西，才有可能善用它們重新站起來。

有時候，我們會覺得自己過得很辛苦，總是在幻想著遙遠的夢境，欣羨著別人的幸福，漠視了身邊的快樂。其實境由心生，當心靈的思路錯了，就會無端失去感悟生命喜悅的機會，在自鑄的牢籠裡受苦。所以，將身邊的一切當作生命最豐厚的賜與，好好經營屬於自己的生活，就能活得心安理得、多采多姿。

走投無路，才能看到另一條路

《黑洞理論》的作者霍金是一名偉大的科學家，他對於量子宇宙學的貢獻卓著，甚至被喻為愛因斯坦之後最偉大的物理學者。

然而，他天生就換有肌肉萎縮症，是一名殘疾人士，對此他說過：「我要感謝上帝，如果我不是殘疾人士，一定會在酒吧、舞廳會留下我的腳步。因為我的殘疾，少了許多繁雜的社交機會，可以集中時間思考宇宙的奧祕。」

的確，上帝為霍金關上了一扇門，但卻為他打開了另一扇窗。

人們時常會有彷徨無助，好像被全世界拋棄的無力，這時，如果稍安勿躁，把自暴自棄的情緒擺在一邊，或許會驚訝發現，可行之道其實就在不遠之處。

既然老天會為你設計一個關卡，
就一定會有破解的方法。

別讓絕望關上老天為你鋪的生路

在一次船難中，僅有一位生還者存活了下來，他被海浪沖到一個無人居住的小島上，每天熱切地禱告，希望上帝保佑自己早日得到救援，並留神觀察是否有其它船隻靠近，然而，日子一天一天過去了，什麼都沒有出現。

後來，他只好設法利用島上的生物維繫自己的生命。並且費了好大的力氣，才勉強用漂流的木頭搭起了一個可以遮風擋雨的小茅屋，並儲存了一些糧食。

可是有一天，在他去尋找糧食回來的路上，卻發現他的小茅屋失火了，煙塵滾滾地沖向天空，這個重大的損失讓他欲哭無淚，悲憤得幾乎要暈過去，他對著天空大喊：「上帝啊！你麼可以這樣對我！」

然而，第二天一大早，他卻被一艘駛向小島的輪船聲喚醒了，這艘船的船員看見有生還者，趕緊把他接到船上，給他毛毯和熱水取暖。當他見到船長時，不禁疑惑地問道：「你們怎麼知道我在這裡？」

船長回答：「因為我們看到了你的求救信號煙啊！」

這種情形也很常發生在我們身上。當我們深陷危難時，往往會因過度的絕望，而忘了凡事都有一線生機。

所以，不論面臨多大的難關，都千萬不要輕言放棄，既然老天會為你設計一個關卡，那就一定有破解的方法，只是你一時想不到而已，當你靜下心來，或許會發現，身後還有一條出路。

在谷底累積爬升的能量

請不要小看了老天賜給你的身體與心靈，也不要漠視了命運在人生路上安插的轉折與機會，如果你在走投無路的時候，不懂得相信自己，只是想方設法要逃避問題的話，就是浪費了環境為你製造的先機，眼前的困境反而會鬼打牆般地一直揮之不去。

那麼我們該如何看待當下的逆境，才能安然脫困呢？有以下兩種秘訣：

有些事情不是想躲就躲得掉的，
如果你對不擅長的事都想轉身逃避，那麼你永遠都不會進步。

別自己斷了自己的生路

很多時候，我們總是比別人先輕言放棄。

不論老師如何苦心教導，只要數學考了幾次低分，就認定自己是「沒有數學天分」的人，卻沒認真反省，自己是否真的下過幾分功夫；在感情路上不順遂，就心想：如果不拿出真心愛人，就不會再受傷慘重了。卻沒想過，自己在選擇戀愛對象時，是否太隨心所欲，卻忘了思考彼此到底合不合適。

坦白說，放棄的確比努力嘗試要容易的多，所以面對問題，多數人都會先選擇逃避。問題是，有些事情不是想躲就躲得掉了。

如果你對於不擅長的事都想要轉身逃跑，那麼你永遠都不會進步，更沒有資格哀嘆：為什麼好運總降落在別人身上。

所以，無論你面對的困境為何，或許你曾失敗過一次、兩次、三次……但只要能從中學習、成長，就必然會越變越強，有一天，一定能打開那扇心門，屆時，幸運之神就站在門前，向你招手。

等待機會，浴火重生

有時候，並非現在就是改變最好的時機，所以你越心急，反而錯得越離譜。因此，在你爬出谷底前，肯定會有一段不好受的日子。

在這些日子裡，你可能會時常懷疑自己的付出是否會得到回報？若有的話，它又會在哪一天來臨？直到答案揭曉前，我們都只能默默地等待，但我們卻可以事先準備，確保自己在機會來臨前，蓄積了足夠的能量。

別忘了天無絕人之路，上天永遠會把機會留給準備好的人！

有時候，並非現在就是最好的改變時機，
所以你越心急，反而會錯得更離譜。

經過挫折的磨礪，會讓未來的道路更平坦

曾任美國副總統的戈爾曾說：「自古以來的偉人，大多是抱著不屈不撓的精神，從逆境中掙扎奮鬥過來的。」在人生這條充滿荊棘的路上，挫折與困難可說是家常便飯。

因為生命就像一條河流經的河床，這些土地若沒有經過河水的沖刷，就只是一片凹凸不平、有稜有角的荒原。但經過河水沖刷過的土地，卻會因水分的涵養而富含生機。

所以，不同的人對人生的阻力都有著不同的見解，有人認為它就像道路上的一顆顆絆腳石，打亂了你的步調。有人卻說它是對道路的一種磨礪，會讓這條路今後變得更加平坦。

毫無疑問的，一個人面對挫折的態度，也決定了人生輸贏的分水嶺。

天下無難事，只怕有心人

玫琳凱公司的創始人玫琳凱．艾施女士幼時，她的母親總是對她說：「你能做到，玫琳凱，你一定能做到。」

所以玫琳凱女士不僅將這句話作為自己的座右銘，而且還將這句話作為公司的經營理念，以激勵更多女性。

玫琳凱也坦言，當初是在遭遇了一些挫折之後，才萌生創建公司的念頭。

她曾在直銷行業工作了二十五年，當時，她已經做到了全國培訓總召。但是，眼看著自己男性的下屬一一獲得了提拔，而且薪水、福利都遠勝於自己，這不平等的制度讓她毅然決定地辭職，以自己的力量實現夢想。

她說：「我建立公司時的構想，是想讓所有女性都能獲得她們期望的成功，希望我打開的這扇門，能為願意付出且有勇氣實現夢想的女性帶來無限的機會。」

然而，在創業之初，她經歷了多次失敗，也繞了不少遠路，但是，她從未因此

挫折對於天才來說，就像是一塊成功的跳板，對強者來說，就像是一筆寶貴的財富。

灰心氣餒，反而總是詼諧地解釋道：「挫折是化了妝的祝福。」

最後，她打響了玫琳凱公司的金字招牌。

在某次記者招待會上，她自信地宣告：「從物理學的角度來看，大黃蜂是飛不起來的，因為牠身體太重，翅膀又太脆弱，但是大黃蜂並不了解這個先天的限制，所以它們憑著自己求生的本能去訓練飛翔的能力，它們就像女性——只要給她們機會、鼓勵和榮譽，就能展翅高飛。」

一個有追求、有抱負的人，總是會視挫折為動力，甘之如飴。挫折對於天才來說，就像一塊成功的跳板，對強者來說又像是一筆寶貴的財富。你可以將挫折看作是一所修鍊人生的最高學府，而你是否能順利畢業，就取決於自己是否能百折不撓、屢敗屢戰。

挫折是暫時的，經驗是一輩子的

挫折與生命的關係就如同土壤之於種子，如果從人生中拿掉挫折，就像是讓種子脫離土壤的滋養，不可能培育出一個健康的人格與強韌的心靈。

雖然承受挫折的當下並不好過，但也只有一次又一次地面對它，才能真正體會活著的滋味，並學會生存的智慧。如果你無法鼓起勇氣，正面迎戰挫折的考驗時，可以用以下觀念轉換一下自己的心態：

勇於面對，挫折就會減弱對你的影響力

你不妨將挫折當成人生中的一門必修課，雖然課程的難度很高，但它卻是你必修學分。

事實上，經過前人的經驗傳承，很多失敗的例子都有重生的借鏡，所以你只要努力去尋找解決之道，總有一天你會對它的難處瞭如指掌，當你再次面對它的時候，它就像是一道小學程度的數學題一樣簡單了。

所以，面對挫折，既然它是你每天都要完成的作業，也是你的必修科目，儘早將它修完，好讓你的心靈得到解脫之道。

如果從人生中拿掉挫折的戲碼，
就不可能培育出一個健康的人格與強韌的心靈。

挫折是良藥苦口，吃得越多補得越多

每當你克服了一個挫折，就等於完成了一次命運給你的考驗，同時學到了面對挫折的方法，因此挫折就像是良藥苦口，雖然很苦，但如果你不吞下去，就會病入膏肓；只要你勇敢吞下去了，不僅會日漸痊癒，身體還會產生自然的抗體，幫你抵禦相似的病毒。

一個不存在挫折的人生，就彷彿從來沒有生過病的嬰兒，看起來好像是健康寶寶，但當被更強大的病毒入侵時，就會大傷元氣。

與其逃避，不如正面以對。一個看慣大風大浪的人，在風平浪靜之時，反而能夠捕獲比別人更多的寶藏，訓練自己的心志，把吃苦當作吃補，絕對對你的未來的人生有益無害。

命運之神總是不時地丟出挫折難題，看我們如何應對。

其實只要坦然面對人生的考驗，不計較別人的施與和對待，讓所有的過節雲淡風輕，因為這些人、這些事並不是別人存心要針對你，而是老天賦予這個人的使命——成為你的一道考題，不論面對刁難或挫折，只要寬厚、寬心已對，你心中的最佳解答很快就會降臨。

一旦突破自己這一關，災厄就已過去一半，另一半就要靠你的努力去克服，當你踩著這些尖銳的山岩向上攀爬到頂峰之際，一定會對這些曾經砥礪過你的人事，心生至高無上的謝意，沒有他們的阻撓，無法成就今日笑看風霜的你。

一個看慣大風大浪的人，
在風平浪靜之時，反而能夠捕獲比別人更多的寶藏。

星星知我心

哪種星座最可能創事業奇蹟？

No.1 天蠍座（10月24日～11月22日）

因為天蠍座難以承受失敗的精神打擊，所以他們在投入事業之前，一定會先潛在檯面下觀察個好幾年，順便把他的事業版圖、方向通通都規劃好，一旦萬事俱備、只欠東風之時，他們就會浮上檯面、異軍突起，馬上展開他的雄圖霸業。

值得特別一談的是，當別人還為專利戰得不可開交之時，天蠍座可能早就偷偷買通了其中的關鍵人物。所以當對手在明、他在暗的情況下，對方根本就不知道他會施展什麼樣的戰術，雖然是很另類的打江山手法，但你有時也不得不佩服他的神機妙算。

No.2 摩羯座（12月22日～1月19日）

無可質疑的，摩羯座的事業心絕對是十二星座中最強的，如果你問摩羯座的女生，要選愛情還是麵包？他一定想都不用想就回答：麵包！因為對他而言，談戀愛需要消耗無數的金錢、時間，除非這個男人會給他物超所值的回饋，不然他會覺得我自己做都比他強，何必浪費老娘的青春。

不過，摩羯座如果能坐領高薪就不會選擇創立事業，但若是他工作運在走下坡時，就會心生「我一定不能讓別人看不起！」的念頭，而選擇開創新局。而且比起其他星座，摩羯座的挫折忍耐力都是無人能敵的，甚至可以說是越挫越勇的類型，所以當別人面對創業都舉步維艱之際，摩羯座卻可以穩健地走向目標，而且一旦他們達到一定的地位時，就很難再被別人拉下來了。

No.3 牡羊座（3月21日～4月19日）

牡羊座想要創業的原因，往往是因為他們不甘於平淡的個性。而且他們可能這個月才動心起念，下個月已經開始籌措資金，準備真槍實彈地好好大幹一筆！一般人的深謀遠慮對他而言太痛苦了，他的個性就是：要做就做，不要廢話太多，不然等到熱度一過，又會想跑去玩。

所以他的成功是來自於他的「速度」與「熱情」，而他拚事業既不為名、也不為利，完全是因為他覺得人存在必有他的使命，「使命必達」就是白羊座的座右銘，而且信心滿滿的他們從不認為自己會失敗，就算跌倒了還是會「向前看」，這種傻大哥、傻大姐的精神，就是他們成功的秘密武器。

國家圖書館出版品預行編目資料

不計較，感謝那些利用你的人 / 黃德惠 著.
-- 初版. -- 新北市 : 啟思出版, 2013.1
面 ; 公分
ISBN 978-986-271-281-8 (平裝)

1.修身 2.生活指導

192.1 101019083

不計較，感謝那些利用你的人！

君子記恩不記仇，小人記仇不記恩！

你想成為寬宏大量的君子，還是雞腸鳥肚的小人？

The best gain is to lose.

啟思
Cheese Group

不計較，感謝那些利用你的人

出 版 者 ◤ 啟思出版
作　　者 ◤ 黃德惠
品質總監 ◤ 王寶玲
總 編 輯 ◤ 歐綾纖
文字編輯 ◤ 劉汝雯
美術設計 ◤ 蔡億盈
內文排版 ◤ 新鑫電腦排版工作室

本書採減碳印製流程並使用優質中性紙（Acid & Alkali Free）最符環保需求。

郵撥帳號 ◤50017206 采舍國際有限公司（郵撥購買，請另付一成郵資）
台灣出版中心 ◤ 新北市中和區中山路 2 段 366 巷 10 號 10 樓
電　　話 ◤ (02) 2248-7896　　傳　　真 ◤ (02) 2248-7758
I S B N ◤ 978-986-271-281-8
出版日期 ◤ 2014 年 2 月再版五刷

全球華文國際市場總代理 ◤ 采舍國際
地　　址 ◤ 新北市中和區中山路 2 段 366 巷 10號 3 樓
電　　話 ◤ (02) 8245-8786　　傳　　真 ◤ (02) 8245-8718

全系列書系特約展示
新絲路網路書店
地　　址 ◤ 新北市中和區中山路2段366巷10號10樓
電　　話 ◤ (02) 8245-9896
網　　址 ◤www.silkbook.com

線上 pbook&ebook 總代理 ◤ 全球華文聯合出版平台
地　　址 ◤ 新北市中和區中山路 2 段 366 巷 10 號 10 樓
主題討論區 ◤www.silkbook.com/bookclub　● 新絲路讀書會
紙本書平台 ◤www.book4u.com.tw　● 華文網網路書店
電子書下載 ◤www.book4u.com.tw　● 電子書中心 (Acrobat Reader)